생각의
기술

3-PUN DE WAKARU LOGICAL THINKING NO KIHON

 by Tetsuyuki Oishi

Copyright ⓒ Tetsuyuki Oishi 2008.

All rights reserved.

Original Japanese edition published by Nippon Jitsugyo Publishing Co., Ltd.

This Korean edition published by arrangement with Nippon Jitsugyo Publishing Co., Ltd.
Tokyo.

in care of Tuttle-Mori Agency, Inc., Tokyo through Tony International, Seoul.

이 책의 한국어판 저작권은 토니 인터내셔널을 통한

Nippon Jitsugyo Publishing Co., Ltd.와의 독점 계약으로 도서출판 이아소에 있습니다.

저작권법에 의해 한국 내에서 보호를 받는 저작물이므로 무단전재와 무단복제를 금합니다.

?

복잡한 문제를 간단하게 풀어주는

생각의 기술

오이시 데츠유키 지음 · 이명희 옮김

이아소

복잡한 문제를 간단하게 풀어주는
생각의 기술

초판 1쇄 발행 _ 2011년 6월 6일
    2쇄 발행 _ 2013년 10월 20일

지은이 _ 오이시 테츠유키
옮긴이 _ 이명희
펴낸이 _ 명혜정
펴낸곳 _ 도서출판 이아소

등록번호 _ 제311-2004-00014호
등록일자_ 2004년 4월 22일
주소_ 121-841 서울시 마포구 서교동 487 대우미래사랑 1012호
전화_ (02)337-0446 팩스_ (02)337-0402

책값은 뒤표지에 있습니다.
ISBN 978-89-92131-47-6 03320

도서출판 이아소는 독자 여러분의 의견을 소중하게 생각합니다.
E-mail : iasobook@gmail.com

3분이면 충분하다

이 책은 이 세상에 존재하는 논리적 사고의 노하우를 한 권으로 응축한 것이다. 이 한 권의 책으로 여러 형태의 논리적 사고의 에센스나 사고방식을 더욱 효율적으로 이해할 수 있다.

여기서는 '논리적 사고'라고 한마디로 말하지만 로지컬 싱킹과 관련된 노하우는 실로 복잡하고 다양하게 퍼져 있다.

좁은 의미의 로지컬 싱킹인 논리학적인 이야기에서 시작하여, 논리적인 사고방식이나 글쓰기, 정보나 데이터 분석, 검증하는 방법, 문제의 본질을 파악하는 법이나 해결법, 더 넓게는 쉽게 이해할 수 있는 자료를 만드는 법이나 프레젠테이션하는 법, 아이디어를 많이 낼 수 있는 사고법, 효율적이고 생산적인 회의 진행법, 지두력(地頭力)을 훈련하는 방법이나 페르미 추정까지 다양하다.

이렇게 다양한 기법을 배우기 위해 전문서를 모두 찾아 읽을 수는 없는 일이고, 설령 읽는다고 해도 머릿속에 남는 것은 아주 간단한 에센스 부분 정도다.

따라서 로지컬 싱킹의 포인트를 더 효율적으로 파악하도록 돕기 위해 이 책을 집필하게 되었다.

현대사회에서 효율성의 핵심 지표는 시간이다. 《복잡한 문제를 간단하게 풀어주는 생각의 기술》은 로지컬 싱킹의 에센스를 압축 정리하여 한 꼭지를 대략 3분이면 이해할 수 있도록 구성했다.

또한 각 기법의 해설 부분에서는, 나의 컨설팅 경험에 비춰볼 때 비즈니스 실무에 응용하면 좋겠다 싶은 구체적인 사례도 많이 실었다.

로지컬 싱킹은 경영자나 컨설턴트, 외국계 기업 등 다소 거창하게 여겨지는 비즈니스 현장에서만 사용되는 것이 아니다. 직장인들에게도 업무 성과를 내기 위한 필수 기술이 되고 있다.

게다가 로지컬 싱킹의 '형태'=프레임워크만 알아둔다면 누구나 쉽게 업무의 기초 실력을 향상시킬 수 있을 뿐 아니라 직장에서나 일상생활에서 바로 응용할 수 있다.

이 책은 다음과 같이 구성되었다.

1부 논리적으로 '생각하는' 요령에서는 올바른 인과관계 파악법, 논리의 기초를 비롯하여 피라미드 구조, 가설 사고 등의 '로지컬 싱킹의 기본 툴'을 설명한다.

2부 논리적으로 '전달하는' 요령에서는 주장과 증거를 세트로 기술하는 CRF의 원칙이나 PREP법과 SDS법이라 불리는 프레젠테이션 기법의 차이, 효과적인 자료와 차트 만드는 법 등 '설득력을 창출해내는 법칙'을 소개한다.

3부 논리력을 '훈련하는' 요령에서는 제로베이스 사고나 이슈트리 (issue tree), 문제 해결의 프레임워크 등의 '사고 차원을 높이는 방법'을 제시한다.

4부 논리적 사고를 '실천하는' 요령에서는 논리적 사고를 구현시키는 매트릭스 만드는 법, 논리적인 목표 설정법과 초병렬 회의, 지두력과 페르미 추정 등의 '실천적인 툴'을 소개한다. 어느 장의 어떤 항목부터 읽더라도 이해할 수 있게 되어 있다. 그리고 이들 프레임워크= '형태'를 의식하는 것만으로 누구나 간단히 다음 사항을 표현할 수 있을 것이다.

- 상사에게 기획 포인트를 전달함으로써 기획안이 채택되도록 한다.
- 부하직원에게 정확한 지시를 내리고 프로젝트를 원활하게 진행한다.
- 단시간의 회의에서 많은 사람들로부터 동의를 이끌어낼 수 있다.
- 최단기간으로 문제를 발견하고, 해결하고, 최고의 결과를 얻는다.

로지컬 싱킹은 결코 어렵지 않다.

누구나 쓸 수 있는 비즈니스맨의 '무기'인 셈이다.

이 책을 통해 로지컬 싱킹의 요령을 터득하고 업무 능력을 한 단계 높일 수 있다면 저자로서 더할 나위 없는 기쁨이 되겠다.

오이시 데츠유키

차 례

들어가며 **3분이면 충분하다** 5

1부 논리적으로 '생각하는' 요령

think 01 ⊕ **'암묵적 규칙'에 신경을 써라** 17
나만 아는 것을 보편적 '상식'으로 착각하기 쉽다 | '상대'의 입장에서 질문을 던져라

think 02 ✿ **황당무계한 논리는 이렇게 생겨난다** 22
인과관계를 억지로 끼워 맞추지 마라 | 현실은 언제나 내 생각보다 복잡하다 | 4단계를 넘어가는 논리는 위험하다

think 03 ⊕ **모든 논리에는 내가 모르는 '블랙박스'가 있다** 26
탄산음료는 몸에 나쁘지 않을 수 있다 | 논리는 머리와 꼬리만으로 완성되지 않는다

think 04 ⊕ **'역', '이', '대우'로 논리적 허점을 검증하라** 30
맞는 말도 '역'으로 보면 틀릴 수 있다 | 올바른 명제는 좋은 '대우'를 받는다 | '이'의 논리는 성립하지 않는다

think 05 ✿ **귀납법은 과장된 결론을 내기 쉽다** 35
통계적으로 납득할 만큼은 정확해야 한다 | 분석 대상에서 뽑아낸 유사점이 막연하지 않은가

think 06 ⊕ **귀납법의 함정 '가짜 유사점'에 속지 마라** 38
"물을 마시면 취한다"는 논리는 어떻게 성립할까 | 혈액형 성격론도 가짜 귀납법 샘플의 수량이 턱없이 부족하지 않은가

think 07 ◐ **3분 만에 알 수 있는 연역법, 귀납법, 변증법** 42

만만해 보이는 연역법, 속기도 쉽다 | 귀납법은 세 가지만 주의하면 된다 | 더 고
차원적인 사고로 대립을 극복하는 변증법

think 08 ◐ **궁극적인 설득 도구, 피라미드 구조** 46

'알리바이, 흉기, DNA'로 주장하라 | 설득의 필요충분조건은 세 가지 시점

think 09 ⊕ **'가설 사고'를 통해 가상의 범인을 결정하라** 53

형사 콜롬보는 가설 사고로 수사한다 | 가설은 틀려도 문제가 되지 않는다 | 틀린
가설은 과감히 폐기하라

think 10 ◐ **조사와 분석은 'Quick&Dirty' 하게** 58

가설 검증에 필요한 조사–분석은 대략적으로, 빠르게 | 의사 결정은 70~80퍼센트
의 데이터로도 충분하다 | 조사나 분석은 반드시 가설과 세트로 실행하라

1부의 핵심 포인트 64

2부 논리적으로 '전달하는' 요령

think 01 ◐ **'결론–이유–증거' 원칙으로 설득력을 높여라** 67

이유는 세 가지로 압축하라 | 주관적인 믿음으로 근거를 대체하지 마라 | CRF로
프레젠테이션 원고를 재검토하라

think 02 ◐ **공허한 '백지 결론'은 절대로 피하라** 72

백지 결론과 유의미한 결론은 어떻게 다를까

think 03 ⊕ 사실과 의견을 구분하라 76
사실과 의견을 뒤섞으면 대화가 되지 않는다 | 토론은 사실과 사실의 대립이다

think 04 ⊕ 팩트 선택에도 요령이 있다 80
정량 데이터를 사용하라 | 1차 정보가 제일 중요하다 | 중립적인 시점, 제3자의 평가를 사용하라

think 05 ⊘ 비즈니스에 적합한 PREP법, 마지막까지 매혹적인 SDS법 84
결론부터 빨리 말하는 PREP법 | SDS법의 매력 포인트는 '예고편' 달기 | 상황이나 상대에 따라 구별하여 사용하라

think 06 ⊕ '기승전결' 화법은 더 듣고 싶은 마음을 없애버린다 88
논리적인 사고에 '이야기'는 필요 없다 | 처음부터 '범인'을 밝혀라

think 07 ⊙ 프레젠테이션 준비의 핵심은 논리 구성이다 91
'논리 구성 도표'만 있으면 준비는 끝 | 자료 준비 단계에서 구성을 바꾸지 마라

think 08 ⊘ '슬라이드 하나에 메시지 하나'로 강력한 흐름을 만들어라 95
친절한 설명이 프레젠테이션을 망친다 | '원 슬라이드 원 메시지'는 수정하기도 쉽다

think 09 ⊕ 포인트가 한눈에 보이는 차트 작성법 99
숫자에는 반드시 메시지를 넣어라 | 그래프로 만들어 알아보기 쉽게 하라 | 핵심은 디자인이 아니라 메시지

think 10 ⊙ 상황과 목적에 맞는 차트 사용법 103
주장에 맞게 차트의 종류를 바꿔라 | 계단형 차트를 효과적으로 사용하는 법

2부의 핵심 포인트 108

3부 논리력을 '훈련하는' 요령

think 01 ◉ 30초 이내에 전달하는 엘리베이터 피치 111
우연히 만난 투자자를 사로잡는 법 | 구체적인 숫자, 손에 잡히는 효과로 설득하라 | 30초 안에 끝내는 연습을 하라

think 02 ◢ 언제 어떤 상황이라도 '이유는 세 가지다' 116
3이란 숫자는 묘한 설득력이 있다 | 이유는 무조건 세 가지로 만들어내라 | 일단 '이유는 세 가지'라고 말을 꺼내라

think 03 ✚ 기본과 본질로 돌아가면 획기적인 아이디어가 나온다 119
획기적 혁신이 어처구니없는 결과를 낳는 이유 | 모든 것을 포기해야 모두 얻는다 "재고가 문제라면 재고를 없애버리자!" | 이발소의 본질은 머리를 잘 자르는 것

think 04 ◉ As is To be 사고로 발상의 한계를 넘어라 124
현실과 타협하지 말고 대담하게 상상하라 | 이상과 현실을 메우는 '현실적 계획'을 세워라

think 05 ◢ 문제 해결을 방해하는 세 가지 함정 129
공허하기만 한 '앵무새 해결책' | 반사적으로 튀어 나오는 '즉흥적 발상' | 뭐든 다 해보자는 '우선순위 결여'

think 06 ✚ 문제의 본질을 파헤치는 방법 132

한 장 한 장 벗겨가라 | 근본적인 문제를 탐색하라 | 본질을 건드려야 모두가 행복해진다

think 07 ◎ 해결책을 찾아가는 '이슈트리' 훈련법 137
큰 것은 작게 쪼개라 | 줄기와 가지를 구별하라

think 08 ◎ 어린아이 같은 호기심이 문제를 해결한다 140
문제 해결의 네 단계 | 가장 간단한 것은 비용×효과×기간

think 09 ◎ MECE로 누락과 중복을 방지하라 143
'20대, 사무직, 여성'이라는 구별은 쓸모가 없다 | 누락을 인식한다 | 핵심은 전체를 보고 올바르게 분류하는 것

think 10 ◎ MECE로 생각하는 실천 마케팅 전략 147
분류한 다음에는 우선순위를 정하라 | 의미 있는 기준에 따라 분류하라

3부의 핵심 포인트 151

4부 논리적 사고를 '실천하는' 요령

think 01 ◎ 파워포인트가 논리적 사고를 강화한다 155
생각을 과감하게 편집할 수 있다 | 강제적으로 도표나 데이터가 들어간다

think 02 ◎ 조목별 쓰기보다 박스를 활용하라 159
생각의 이동이 쉬워진다 | 사고를 정리하면 프레젠테이션 준비 끝

think 03 ✚ **오리지널 매트릭스로 사물을 정리하라** 165
가로축과 세로축이 핵심 포인트 | 매트릭스를 유의미하게 만드는 법

think 04 ✚ **안조프의 성장 매트릭스로 회사의 미래를 발견한다** 169
4개의 칸 가운데 어디에 들어갈까 | 후지필름은 어떻게 화장품을 만들게 됐을까

think 05 ✎ **논리적인 사고로 성과를 올리는 앙케트 만들기** 173
'사전'과 '사후'를 조사하라 | 앙케트 결과를 '시각화'하라

think 06 ✚ **조직의 퍼포먼스도 향상시키는 SMART 목표 설정법** 177
SMART로 애매모호함을 없애라 | 달성 가능한 목표를 설정하라

think 07 ✚ **'초병렬 회의'로 효율을 수백 퍼센트 높인다** 180
회의 초반에 어디까지 결정할지를 정하라 | 회의 자료가 곧바로 프레젠테이션 원고가 된다 | Box 이 책도 초병렬로 완성되었다 | 의사록, 성과물, 승인을 동시에

think 08 ✎ **글로벌 기업은 왜 '지두력'을 중시할까** 186
'답이 없는 문제'를 해결할 수 있는가 | 해답보다 중요한 것은 문제에 접근하는 방식 | 지두력의 기본은 논리적인 사고력

think 09 ✚ **페르미 추정으로 미지의 숫자를 찾아내라** 190
시카고에는 피아노 조율사가 몇 명이나 있을까 | 올바른 가정이 문제 해결을 쉽게 만든다

think 10 ✚ **페르미 추정을 잘하는 네 가지 요령** 196
스스로 문제를 만들어라 | 검색엔진에 너무 의존하지 마라

4부의 핵심 포인트 200

1부

논리적으로
'생각하는'
요령

Logical Thinking

'암묵적 규칙'에
신경을 써라

자신은 나름대로 논리정연하게 설명했다고 생각했는데 상대로부터 "왜 그렇게 되지?"라는 말이나 "그게 뭐 어떻다는 거지?"라는 말을 들어본 경험이 없는가?

그럴 때에는 대부분 '암묵적 규칙'을 서로 공유하고 있지 않을 가능성이 높다.

"A이기 때문에 B가 된다"라는 기본적인 논리의 흐름을 생각해보라.

"먹구름이 끼어 있는 걸 보니 비가 올 것 같다"라는 예를 들어보자.

'먹구름'과 '비'는 누가 봐도 상식적으로 연결되어 있는 현상이다. 이런 것들을 일반 상식이나 일반론이라 말한다. 누구나 경험적으로 알고 있고, 누구나 같은 생각을 하는 규칙인 것이다.

먹구름과 비의 관계는 일반적으로 연결되어 있기 때문에 자세한 설명 없이 "먹구름이 낀 것을 보니 곧 비가 오겠군" 하고 말해도 듣는 사람이 수긍하게 된다.

이처럼 'A이면 B'라는 커뮤니케이션이 성립하기 위해서는 말하는 사람과 듣는 사람 사이에 공통된 일반론이 전제되어야 한다.

나만 아는 것을 보편적 '상식'으로 착각하기 쉽다

그러면 이런 예는 어떨까?

"아침에 안개가 낀 걸 보니 오늘은 날씨가 좋을 것 같다."

대부분의 사람들이 '어? 그래?' 라고 생각할 것이다. 이는 '아침에 안개 끼면 맑다' 는 속설에 따른 것인데 등산을 즐기는 사람이라면 일반적으로 알고 있는 일기예보 법칙이다.

등산 동호인끼리라면 "오늘 아침엔 안개가 꼈어"라는 말은 곧 날씨가 좋을 거라는 의미로 통할지도 모른다. 그러나 등산과 별로 인연이 없는 사람들은 "아침에 안개가 낀 걸 보니 날씨가 맑을 거야"라는 말에 고개를 갸웃거릴 것이다. 오히려 "안개가 끼면 날씨가 궂지 않을까?"라고 정반대로 추측할지도 모른다.

"아침에 안개가 끼면 날씨가 맑다"라는 구조는 실제로는 이렇게 설명할 수 있다.

"봄에는 고기압의 영향으로 밤이 되면 상대적으로 찬 공기가 들어와 아침이 되면 안개가 발생하기 쉽다. 따라서 아침에 안개가 끼면 그날은 맑을 확률이 높다."

이렇게 들으면 '과연 그렇구나' 라고 생각하게 된다.

등산 애호가와 일반인 사이의 맞물리지 않는 대화와 흡사한 상황이 비즈니스 현장에서는 자주 발생한다.

18

많은 사람들이 지극히 협소한 '상식'을 일반론으로 만들어 논리를 전개한다. 또는 자기 회사나 업계에서만 공유되고 있는 특수한 일반론을 상대에게 이해시키지도 않은 채 논리 전개 안에서 사용해버린다. 이처럼 특수한 일반론을 무분별하게 쓸 경우 상호 간의 커뮤니케이션은 십중팔구 어긋날 수밖에 없다.

'상대'의 입장에서 질문을 던져라

'엔고' 현상의 예를 들어보자.

일본 사람은 엔고라고 하면 먼저 어떤 생각이 들까? 외국 물건을 싸게 살 수 있다? 수입 브랜드의 가격이 내려간다? 왠지 경기가 좋아질 것 같다. 외국 물건을 들여와 팔고 있는 상인에게는 엔고 현상이 반가운 소식일지도 모른다.

반대로 외국으로 물건을 수출하는 회사는 어떨까?

예를 들어 1달러에 150엔이었던 물건이 1달러에 100엔밖에 안 되는 엔고 현상의 경우를 들어보자.

이렇게 되면 같은 100달러에 팔았더라도 엔화로 환산하면 매출은 5,000엔이나 감소한다. 즉 엔고 상황에서 수출 기업의 실적은 악화된다. 일본의 대기업들은 대부분 자동차나 기계 등을 수출하여 돈벌이를 하고 있다. 이들 대기업의 실적이 악화되면 일본 경제 전반에 타격을 주게 된다.

따라서 '엔고 상황이 되면 경기가 나빠진다는 것'은 암묵적 규칙이 된다.

경제의 암묵적인 규칙을 사용하여 "엔고 현상은 불경기를 초래한다"는

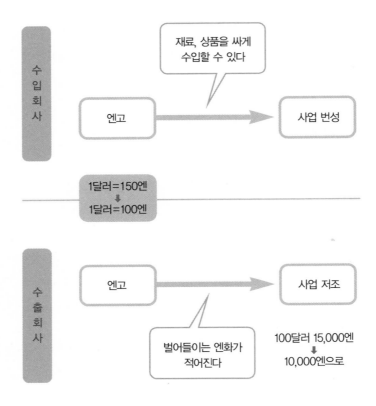

말은 경제 상식이 없는 사람에게는 쉽게 이해가 되지 않는다. 나에게는 상식적인 소리이지만 회사나 업계가 다르고, 입장도 다른 사람에게는 그러한 논리가 통하지 않는 경우도 있다.

따라서 암묵적인 규칙으로 통용되는 것에 대해서도 친절하게 설명해줄 필요가 있다.

어떤 암묵적인 규칙에 기초하여 논리를 전개할 것인지를 스스로 의식해야 한다. 상대방이 상식적으로 받아들이지 못할 수 있는 부분을 의식하면서 친절하게 설명해야 한다. 이런 노력만으로도 논리가 연결되고 훨씬 이해하기 쉬운 커뮤니케이션이 될 것이다.

황당무계한 논리는
이렇게 생겨난다

"바람이 불면 나무통 장사꾼이 돈을 번다"라는 속담을 들어본 적이 있는가?

이치에 맞지 않는 대표적인 표현이다.

바람이 분다고 해서 나무통 장사꾼이 돈을 벌게 되는 일은 현실에서는 있을 수 없는 이야기지만, 주의하지 않으면 나도 모르게 이런 논리를 사용하게 된다.

인과관계를 억지로 끼워 맞추지 마라

"바람이 불면 나무통 장사꾼이 돈을 번다"라는 속담을 좀 더 자세히 살펴보자.

우선 바람이 분다. 바람이 불면 모래가 날리고, 그 모래가 눈에 들어가 실명하는 사람이 늘어난다. 눈이 안 보이는 사람은 샤미센을 산다(옛날에 샤미센은 주로 시각 장애인이 연주하는 악기였다). 샤미센은 고양이 가죽으로 만들기 때문에 고양이 수가 줄게 된다. 고양이 개체 수가 줄어들면 천적인 쥐가 늘어나고, 쥐들이 나무통을 갉아먹는다. 때문에 나무통 장사꾼이 돈을 번다는 말이다.

확실히 이야기는 연결이 되지만 정말 현실에서 일어날 수 있는 일일까?

"모래가 날려 모래 먼지가 눈에 들어간다"고 하더라도, 어쩌다 실명하는 사람은 있을 수 있겠지만 대부분 실명까지는 가지 않을 것이다. "모래가 날려 실명하게 된다"는 말은 인과관계는 성립한다. 하지만 그런 결과가 일어날 가능성이 극히 적다면 가끔 발생했다고 말할 수는 없다.

관계가 있다는 말과, 그것이 일어날 확률은 별개다.

확률을 무시하고 일반화해버리면 이치에 맞지 않는 터무니없는 이론이 돼버린다.

원인과 결과를 연결 지어 생각할 때에는 가끔 그런 일이 있었다는 사실만으로는 충분하지 않다. '대개의 경우 그렇다'고 할 수 있을 정도로 확률이 높지 않으면 이상한 이론으로 전락하고 만다.

대개의 경우 그렇게 된다는 것은 상식이나 일반론으로 알려져 있다고 간주해도 무방하다. 연역법 이론은 이러한 '상식'을 접착제처럼 연결해놓은 대표적인 사례다.

현실은 언제나 내 생각보다 복잡하다

비즈니스 현장에서 인과관계가 약한 부분을 아무렇지도 않게 연결해 논리 전개를 할 경우 문제가 될 수 있다. 반드시 그렇다고는 할 수 없는 관계를

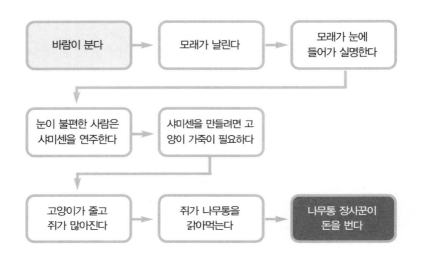

■ "바람이 불면 나무통 장사꾼이 돈을 번다"라는 이론 ■

바람이 분다 → 모래가 날린다 → 모래가 눈에 들어가 실명한다

눈이 불편한 사람은 샤미센을 연주한다 → 샤미센을 만들려면 고양이 가죽이 필요하다

고양이가 줄고 쥐가 많아진다 → 쥐가 나무통을 갉아먹는다 → 나무통 장사꾼이 돈을 번다

반드시 그럴 것이라고 생각해 전개해버리면 나무통 장사꾼 이야기와 마찬가지로 터무니없는 이론이 나올 수밖에 없다.

예를 들어 영업력에 관한 이야기를 해보자.

회사가 성장해나가는 데 영업력은 매우 중요하다. 성장하는 기업은 대개 영업력이 탄탄하다. 그렇다고 해서 '성장하는 기업은 영업력이 있다' → '영업력을 강화하면 (우리 회사도) 성장할 수 있다' 라는 식으로 논리를 전개한다면 어떨까?

나무통 장사 이론과 같은 결과를 낳게 된다.

영업력만이 기업의 성장 요인은 아니기 때문이다. 한 회사의 성장에는 리더의 자질, 시장 상황, 제품의 성능, 마케팅 등의 다양한 요인이 작용한다. 이처럼 비즈니스 문제는 복잡하기 때문에 충분히 신경을 써서 논리를 전개해야 한다. 한두 번 히트하거나 성공한 것을 가지고 인과관계가 충분하다고 착각하는 실수를 저질러서는 안 된다.

4단계를 넘어가는 논리는 위험하다

비즈니스 문제는 물리나 화학과 달리 100퍼센트 정답이 없을지도 모른다. 다만 모두가 납득할 만한 내용이 되어야 하는 것은 확실하다. 따라서 데이터를 사용하여 분석한 결과를 보여주는 등 객관적인 시점에서 인과관계를 증명할 필요가 있다.

또한 아무리 타당한 인과관계일지라도 나무통 장사 이론처럼 몇 단계나 걸쳐 염주 꿰듯 줄줄이 묶어버리면 어딘가에서는 꼭 문제가 생기게 마련이다.

논리의 구성은 3~4단계 정도를 연결하는 것이 바람직하다. 그 이상이 되면 위험하다. 5단, 6단, 7단…… 10단으로 가면 가당치 않은 결론을 도출할 가능성이 높아진다.

특히 개인의 경험이나 성공 체험만을 논거로 할 경우에는 완전히 터무니없는 경영 이론이 튀어나오기도 한다.

모든 논리에는 내가 모르는
'블랙박스'가 있다

"탄산음료는 몸에 나쁘다"라고 말한다.

말하고자 하는 취지는 알겠는데 어쩐지 납득하기 어렵다는 의구심이 든다. 왜일까? '이야기를 건너뛰고 있기' 때문이다.

말하는 사람의 머릿속에서는 "탄산음료가 몸에 나쁘다"는 이론의 연결고리가 충분하지만 중간 프로세스를 건너뛰고 머리와 꼬리만을 전달하여 '중간 과정이 생략' 된 것처럼 들린다.

이것은 '탄산음료'라는 단어를 넣으면 '몸에 나쁘다'라는 말이 자동으로 튀어 나올 법한 블랙박스나 다를 바 없다.

이 블랙박스 안에 어떤 생각이 들어 있는지를 의식하고 전달해야 한다. 안 그러면 상대의 머리가 새카만 블랙박스가 된다.

26

탄산음료는 몸에 나쁘지 않을 수 있다

실제로 말하는 사람의 머릿속에는 이런 논리가 들어 있다.

"탄산음료만 마신다." ➡

"*탄산음료에는 다량의 당분이 들어 있다." ➡

"*다량의 당분을 지나치게 섭취하면 당뇨병에 걸린다." ➡

"몸에 나쁜 영향을 준다."

* 표시 부분이 블랙박스화된 이론이다.

게다가 이 블랙박스 부분의 이론에도 결점이 있다. 두 가지 실수를 저지르고 있는데, 앞에서 서술한 '암묵적인 규칙', '반드시 그렇다고는 말할 수 없다' 는 것이 그것이다.

"탄산음료에는 다량의 당분이 들어 있다" 는 것은 말하는 사람의 머릿속에서는 상식적인 내용일지 모르겠지만, 꼭 그렇다고 볼 수도 없다. 최근에는 당분이 전혀 들어 있지 않으면서도 단맛을 내는 탄산음료가 개발되고 있기 때문이다. '탄산음료=당분' 이라는 말은 판에 박힌 방식으로 파악할 수도 있지 않을까?

이것은 '암묵적인 규칙이 공유되어 있지 않다' 는 첫 번째 실수를 저지르는 것이다.

논리는 머리와 꼬리만으로 완성되지 않는다

다음은 '당뇨병에 걸린다' 라는 부분이다. 다량의 당분을 지속적으로 섭취하는 것은 당뇨병의 원인이 될 수 있지만 그것만으로 당뇨병에 걸린다고

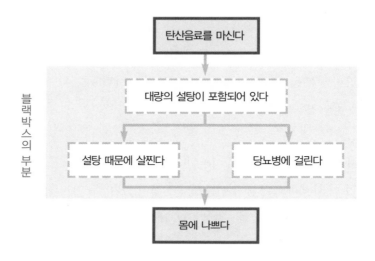

논리가 약한 점	논리가 약한 이유	포인트
설탕 때문에 살찐다	최근에는 무설탕도 있다 탄산음료=설탕이라는 고정관념	암묵적인 규칙이 공유되어 있지 않다
당뇨병에 걸린다	탄산음료만으로 금세 당뇨병에 걸리지는 않는다 당분섭취량은 전반적인 식생활로 결정된다	반드시 그렇다고 말할 수는 없다

단정할 수는 없다. 또한 당분의 양은 전체 식사량에서 결정되는 것으로, 음료수로 섭취하는 당분은 일부에 지나지 않는다. 여기서 '반드시 그렇다고는 말할 수 없다' 라는 두 번째 실수가 발생한다.

이처럼 내용을 상세하게 검토해보면 논리적으로 두 개의 예리한 지점이 있음에도 불구하고 블랙박스화하여 머리와 꼬리만을 얘기해버렸기 때문에 상대방의 입장에서는 납득하기 어려울 수밖에 없다.

상대로부터 "이야기를 건너뛰고 있다"는 말을 들으면 어디가 블랙박스인지 주의할 필요가 있다.

'역', '이', '대우'로
논리적 허점을 검증하라

연역법은 함부로 쓰면 실수를 저지르기 쉬우므로 논리적으로 타당한지를 반드시 체크해야 한다.

저지르기 쉬운 몇 가지 실수를 알아보자.

맞는 말도 '역'으로 보면 틀릴 수 있다

"A이면 B다"라는 문장이 있고, 이 문장이 올바르다고 해보자. 예를 들어 "신칸센에는 특급 티켓이 필요하다"라는 문장이 있다. 이 말이 항상 옳다는 전제하에 다음과 같이 바꿔도 될까?

"특급 티켓이 필요한 것은 신칸센이다."

이 문장은 주어와 술어 부분을 바꿔놓은 것이다. 즉 'B→A'식의 논리다.

■ 역의 논리 ■

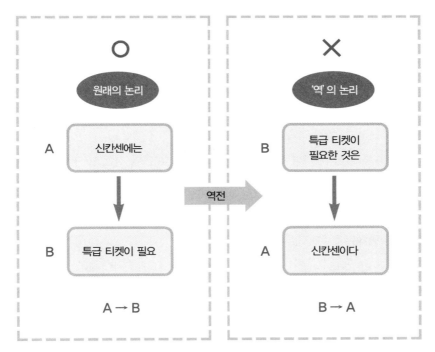

B → A는 성립되지 않는다
"특급 아즈사호에도 특급 티켓은 필요하다."

논리학에서는 이를 '역(逆)의 논리' 라고 한다.

'역' 은 언뜻 보면 올바른 것처럼 보인다. 그러나 잘 생각해보기 바란다. 이 논리는 옳지 않다. '반드시 그렇지는 않은' 경우가 있기 때문이다. 신칸센 이외의 열차에서도 특급일 경우에 특급 티켓이 필요하지 않은가?

"특급 티켓이 필요한 것은 특급 아즈사호다" 라는 예외가 있다. 따라서

'역'의 논리는 옳지 않다.

앞에서 설명했던 영업력 이야기를 기억하는가?

"성장하는 기업은 영업력이 강하다"라는 말에서 "영업력을 키우면 회사는 성장한다"라는 결론을 내려버리면, 이는 '역'을 진실로 삼아버린 것이다.

'역'은 실수를 저지르기 쉬운 요주의 논리다.

'역은 진실이 아니다'라는 것을 이해하지 않으면 잘못된 추론을 하게 된다. 또한 잘못된 추론을 올바른 것으로 오해하기도 한다.

올바른 명제는 좋은 '대우'를 받는다

'역의 논리'가 올바르지 않다는 것을 배웠다. 하나 더 기억해야 할 것이 있는데, '대우(對偶)의 논리'다. 대우의 논리는 반드시 성립되는 매우 유효한 룰이다.

'A→B'라는 논리가 있다. 앞의 예는 "신칸센에는 특급 티켓이 필요하다"는 것이었다. 이를 '대우의 논리'로 생각해보자.

대우는 "특급 티켓이 필요하지 않으면 신칸센이 아니다"가 된다. 이 논리는 반드시 성립된다. 신칸센을 타려면 특급 티켓이 필요하기 때문에 특급 티켓이 필요 없는 열차는 신칸센이 아니라는 논리가 성립된다.

영업력에 관한 이야기는 어떻게 될까?

"성장하는 기업은 영업력이 강하다"라는 논리가 성립된다고 하자('강하다'라는 단어는 지나친 표현이기 때문에 "일정한 영업력이 있다" 정도로 하는 편이 나을지도 모른다. 여기서는 논리를 훈련하는 게 목적이므로 "성장하는 기업은 영업력이 강하다"라는 내용이 올바르다는 것을 전제로 한다).

그러면 대우는 어떻게 될까?

"영업력이 강하지 않은 기업은 성장하지 않는다"가 된다. "성장한 기업은 영업력이 강하다"라는 이야기가 사실이라면 대우인 이 문장 역시 옳다는 결론이 나온다. 이것이 대우 논리다.

'이'의 논리는 성립하지 않는다

또 하나 '이(裏)'의 논리가 있다.

"신칸센이 아니면 특급 티켓이 필요 없다"라는 문장이다.

이는 'A→B'를 부정한 것으로 'A의 부정→B의 부정'이라는 논리다. 이것도 성립하지 않는다. 신칸센이 아니어도 아즈사호라면 특급 티켓이 필요하기 때문이다.

'역', '이', '대우'의 세 가지 논리를 배웠다. 이중 성립되는 것은 '대우' 뿐이다. '역'과 '이'는 성립하지 않는다.

이 논리들을 잘 이해한다면 논리적인 사고력을 한 단계 더 높일 수 있을 것이다.

■ 대우, 이의 논리 ■

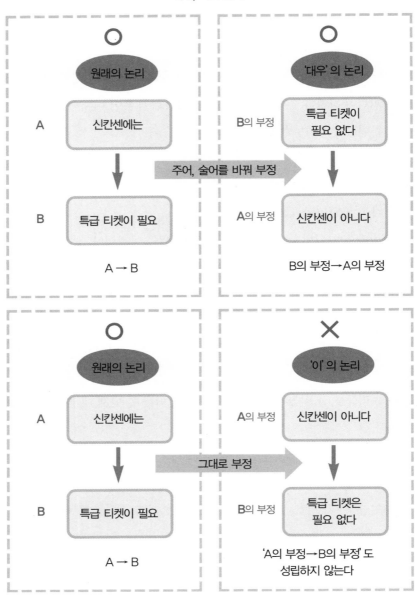

○
원래의 논리

A 신칸센에는

주어, 술어를 바꿔 부정

B 특급 티켓이 필요

A → B

○
'대우'의 논리

B의 부정 특급 티켓이 필요 없다

A의 부정 신칸센이 아니다

B의 부정→A의 부정

○
원래의 논리

A 신칸센에는

그대로 부정

B 특급 티켓이 필요

A → B

✕
'이'의 논리

A의 부정 신칸센이 아니다

B의 부정 특급 티켓은 필요 없다

'A의 부정→B의 부정'도 성립하지 않는다

귀납법은
과장된 결론을 내기 쉽다

귀납법은 관찰 사항으로부터 유사점을 정리하여 결론을 도출하는 논리다 (42쪽).

　예를 들어 다음과 같은 관찰 사항이 있다고 해보자.

"A사는 매출이 떨어지고 있다."

"A사의 종업원이 많이 그만두고 있다."

"A사의 결제가 늦어지고 있다."

　이들 사이에는 서로 관련이 있을 필요는 없다.

　이 세 가지의 공통점은 '경영난으로부터 발생한 사항' 이라는 것이다. 이 사실에서 "A사는 경영난에 빠져 있다"라는 결론이 도출된다. 이것이 귀납법이다.

통계적으로 납득할 만큼은 정확해야 한다

연역법이 수학처럼 'ㅇㅇ이기 때문에 ㅇㅇ이기 때문에 ㅇㅇ'라는 식으로 염주알을 세는 것처럼 논리를 전개하는 방식이라면, 귀납법은 '이과 실험'처럼 각각의 실험을 축적하여 전체를 밝혀내는 것이다.

또 다른 예를 들어보자.

"B사의 카메라는 10년 동안 사용했다."
"B사의 텔레비전도 냉장고도 10년 동안 사용했다."

위의 사실에서 "B사의 제품은 장기간 사용할 수 있다"는 추측이 가능하다.
귀납법은 어디까지나 통계적인 시점에서 사물을 파악하기 때문에 예외가 생길 수 있다. B사의 DVD 플레이어가 금세 고장 나는 일도 일어날 수 있는 것이다.

다만 비즈니스 문제에서는 과학 실험과 달리 100퍼센트의 정확성을 요구할 수 없다. 결국은 납득할 만한 사항인지가 핵심이 된다.

B사의 모든 제품이 수명이 길다면 다소 예외가 있더라도 "B사의 제품은 대체로 오래 간다"는 결론은 납득할 만한 수준이라 하겠다.

분석 대상에서 뽑아낸 유사점이 막연하지 않은가

귀납법의 핵심은 어떤 결론을 끌어내야 납득할 수 있을지에 관한 문제다.
그러기 위해서는 "관찰 사항으로부터 유사점을 정리한다"는 원칙을 명심해야 한다.

유사하다고 말할 수 있는 것 이상의 과장된 결론을 도출해버리면 상대방의 이해를 이끌어낼 수 없다.

앞에서 서술한 경영난 이야기에서는 "A사는 도산할 것이다"라든지 제품 이야기에서는 "B사의 제품은 최고다"라는 식의 언급은 유사성으로 말할 수 있는 범위를 넘어섰기 때문에 다른 사람의 공감을 얻을 수 없게 된다.

귀납법의 함정
'가짜 유사점'에 속지 마라

귀납법을 사용할 때 빠지기 쉬운 포인트가 있다. 세 가지 함정에 대해 알아
보자.

이것을 알아두면 평소에 나도 모르게 믿게 되는 진실 아닌 이야기에 속
아 넘어가는 일을 줄일 수 있을 것이다.

"물을 마시면 취한다"는 논리는 어떻게 성립할까
귀납법의 대표적인 오류는 다음과 같다.

"와인에는 물(수분)이 들어 있다."
"맥주에도 물이 들어 있다."
"소주에도 물이 들어 있다."
"위스키에도 물이 들어 있다."

따라서 "물(수분)을 마시면 취한다."

누가 봐도 이상한 결론이다.
어디가 이상한지 알 수 있겠는가?
귀납법에서는 "관찰 사항으로부터 유사점을 정리한 것"이 곧 결론이 된다. 위에서 결론으로 삼은 '취한다'는 점은 유사점을 정리한 것이 아니다.
관찰 사항 어디에도 취한다는 말은 없는데 결론에서는 느닷없이 취한다는 말이 나온다.
술이라고 하면 반사적으로 떠오르는 일(취한다)을 부지불식간에 물과 관련지어버리는 전형적인 논리의 바꿔치기 패턴이다.
이 관찰 사항에서 발견할 수 있는 유사점이라고 하면 '물이 들어 있다'는 것이다. 와인이나 맥주, 소주는 모두 알코올 음료이기 때문에 억지로 결론을 만들어보자면 "알코올 음료에는 물이 함유되어 있다"는 정도가 될 것이다.

혈액형 성격론도 가짜 귀납법
이상한 결론에 다다른 또 다른 예를 들어보자.

"O형인 야마모토 군은 낙천적이다."
"O형인 스즈키 군은 낙천적이다."
"O형인 가토 군은 낙천적이다."
"따라서 O형은 낙천적이다."

혈액형에 따른 성격 분류는 과학적 근거가 없다는 것을 아는 사람이라면 이와 같은 결론을 납득할 수 없다.

이 예에서는 관찰 사항 자체가 애매하기 때문에 유사점을 정리한 결론도 애매할 수밖에 없다.

다시 말하면 "O형인 야마모토 군은 낙천적"이라는 관찰 자체가 잘못됐다. O형이기 때문에 낙천적인 것이 아니라 O형이라는 사실과 낙천적인 성격이 우연히 맞아떨어진 것일지도 모른다. O형과 성격 사이에는 직접적인 연관을 지을 만한 이유를 찾을 수 없다.

관찰 사항 자체가 잘못된 또 다른 예를 들어보자.

"A씨는 외계인에게 납치당했다고 한다."
"B씨는 외계인을 봤다고 한다."
"C씨도 외계인으로부터 메시지를 받았다고 한다."
"따라서 외계인은 존재한다."

여기서는 외계인이라는 단어 때문에 곧이곧대로 듣는 경우가 드물겠지만, 이것이 경제나 주식 이야기라면 맥없이 속아 넘어가는 사람이 많다. 사기꾼들도 비슷한 논리를 펴기 때문에 주의해야 할 포인트다.

샘플의 수량이 턱없이 부족하지 않은가
세 번째 포인트는 일반화의 함정이다.

"A씨는 취직할 마음이 없다."

"B씨는 졸업 후 여행을 떠나버렸다."

"C씨는 아르바이트를 하면서 꿈을 좇고 있다."

"따라서 일본은 프리터(프리+아르바이트. 아르바이트만 하면서 생활하는 사람)가 증가하고 있다."

일본에서 젊은 층의 인구는 수천만 명에 이른다. 여기서 예를 든 샘플은 불과 3명이다. 이 사실만으로 프리터가 증가했다고 연결 짓는 것은 너무 성급한 결론이다.

이는 TV 프로그램 등에서 자주 볼 수 있는 수법으로 극히 일부를 예로 들어 그것이 전체인 양 보여주는 것이다.

프리터가 늘어난다는 것이 사실일지도 모르지만 3명의 샘플만으로 대다수인 것처럼 포장한다면 문제가 있다.

이 경우 타당한 결론은 무엇일까. 유사점을 정리하는 귀납법의 원칙에 따르자면 "정규직 고용을 원치 않는 사람도 있다"는 정도일 것이다. 그 이상의 결론을 끌어내기에는 무리가 있다.

프리터 증가를 논리적으로 입증하려면 프리터 인구를 통계 그래프로 만들어 보여주는 것이 적절한 방법이다. 불과 3명의 샘플에서 얻은 결과로 언급할 이야기는 아니다.

3분 만에 알 수 있는
연역법, 귀납법, 변증법

어떤 이유를 붙이고, 생각하고 전달할 때의 기본적인 논리 패턴은 고대 그리스의 아리스토텔레스 시대 이후로 변한 것이 없다.

모든 것은 다음 세 가지 패턴으로 집약된다.

① 연역법
② 귀납법
③ 변증법

연역법과 귀납법은 앞에서 설명했지만 다시 한 번 정리해보자.

만만해 보이는 연역법, 속기도 쉽다
"먹구름이 몰려왔다"라는 관찰 사항을 기초로 "비가 올 것 같다", "우산을 가져가야 한다" 라는 결론을 끌어내는 것이 연역법이다.

연역법은 논리를 만드는 일이 간단하기 때문에 많은 사람들이 일상적으로 사용하게 되는데, 주의하지 않으면 오해를 초래하거나 이해하는 데 시간이 걸리고 함정이 많다.

'암묵적 규칙' 이 공유되어 있지 않으면 상대에게 제대로 전달되지 않는다. 또한 올바른 인과관계를 밝히는 일은 의외로 어렵다.

'역' , '이' , '대우' 의 법칙을 모르면 논리에 속을 수 있다. 논리를 염주 꿰듯 줄줄이 묶어놓았기 때문에 중간 설명을 생략해버리고 '논리의 블랙박스화' 가 일어나기 쉽다.

논리 단계가 길어질수록 실수를 저지르기 쉽다는 것을 잊지 말자.

연역법에만 의지하여 논리를 전개할 때는 어느 정도 주의가 필요하다.

귀납법은 세 가지만 주의하면 된다

귀납법은 다수의 관찰 사항으로부터 유사점을 정리하여 결론을 이끌어내는 논법이다.

예를 들어 "A사는 매출이 떨어지고 있다", "A사의 종업원이 많이 그만두고 있다", "A사가 결제를 연기했다" 라는 사실에서 "A사는 경영난에 빠져 있다" 라는 결론을 끌어내는 것이다.

귀납법이 다소 어렵게 느껴지겠지만 누구나 한 번쯤 사용해보았을 것이다. 귀납법은 복수의 사실을 바탕으로 하여 논리를 전개하기 때문에 객관적인 이유를 붙일 수 있고, 비즈니스와 관련된 사안이나 미팅에서 설득력을 높일 수 있어 익숙해지면 매우 유용하게 사용할 수 있다.

■ 3개의 논리 패턴 ■

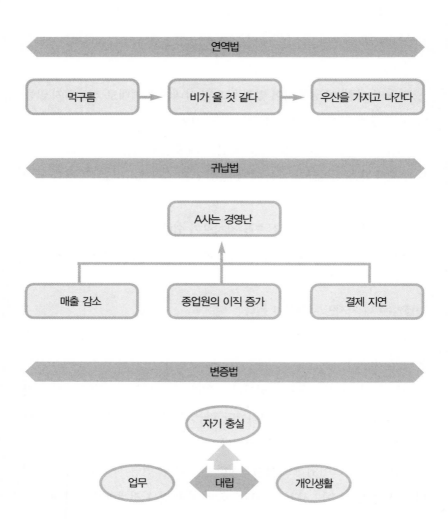

피라미드 구조나 이슈트리 등의 비즈니스 툴은 귀납법의 사고방식을 기초로 하고 있다.

다만 여기에는 세 가지 함정이 있으므로 주의를 기울여야 한다. '유사점을 정리하지 않은 것', '관찰 사항 자체의 문제점', '부적절한 샘플링'이 바로 그것이다.

더 고차원적인 사고로 대립을 극복하는 변증법

마지막으로 변증법이 있다. 이것은 철학적인 진리 등을 이끌어낼 때 사용하기 위한 사고법이다. 테제(긍정)와 안티테제(부정)의 사물의 대립으로부터 더욱 고차원적인 사고가 탄생한다는 것이다.

"밤낮없이 일에만 매달리면 출세한다. 그러나 개인생활이 없어지고 회사형 인간이 돼버린다."

"그렇다고 해서 놀기만 한다면 급여도 적을 것이고, 그래서는 생활이 곤란하다."

위의 두 가지 사실은 서로 대립된다.

변증법에서는 대립 속에서 전혀 새로운 본질이 나온다고 본다. 이 경우는 "일이냐, 개인생활이냐의 선택이 아니라 자기 자신에 대해 얼마나 충실하느냐에 따라 행복이 결정된다"는 시점을 찾아낼 수 있을 것이다. 매우 재미있는 사고법이다. 하지만 비즈니스나 실생활 문제에 응용하기에는 꽤 어렵다. 실생활에서는 연역법과 귀납법 정도면 충분할 것이다.

궁극적인 설득 도구,
피라미드 구조

피라미드 구조란 연역법과 귀납법을 조합해 설득력을 높이는 기법이다.

'알리바이, 흉기, DNA'로 주장하라

예를 들어 궁극적인 설득력이 필요한 장면을 생각해보자.

재판 등에서는 어떨까? 살인사건 재판이 있다고 가정하자. 검찰 측은 "계획적인 범행으로 죄가 무겁다"라는 주장을 한다. 사람을 재판하는 일이기 때문에 애매한 이론을 펼쳐서는 곤란하다. 명백히 피고인이 범인이라는 것을 증명해야 한다. 여기서 어떤 이유를 달면 되겠는가?

피고인이 범인이라는 증거로서 '동기가 있다'라는 이야기를 해보자. 피해자와 돈 문제가 얽혀 있었고, 이것은 충분히 범행 동기가 된다는 주장이다. 연역적인 접근으로서 어느 정도 타당성은 있다. 하지만 이것만으로는 범인으로 몰아갈 수 없다. 좀 더 확실한 이유가 필요하다.

여기서 "범행 당일에 알리바이가 없다"는 사실을 첨부할 수 있다. 또 "범행에 사용된 흉기가 피고인이 구입한 것과 일치한다"는 진술도 필요하다. 그래도 부족하다면 "DNA가 일치했다"는 이유를 들어 주장을 펼친다.

이러한 일련의 이유로부터 귀납적으로 "범인임에 틀림없다"는 사실을 증명해가는 형식이다(재판의 요건은 복잡하다. 이것은 어디까지나 논리적인 주장으로 무언가를 설명하기 위한 비유 정도로 생각하길 바란다).

설득의 필요충분조건은 세 가지 시점

비즈니스 현장에서는 어떨까?

예를 들어 "중국의 환경 관련 사업에 참여할 것"을 주장하며 관계자들을 설득해야 하는 상황을 생각해보자.

신규 사업에 참여해야 하는 이유로 "중국에서는 환경 관련 시장이 성장하고 있다"는 사례를 든다. 물론 이것도 중요한 이유가 될 수 있지만 이것만으로 사업에 참여하도록 설득하기는 어렵다. 다른 사람들을 설득하기 위해서는 몇 가지 이유가 더 필요하다.

"종합적으로 검토하면 아직 이 사업에 참여하는 기업이 적어 기회가 있다"는 이유를 첨가한다. 거기에다 "자사의 기술도 바로 활용할 수 있기 때문에 유리하다"는 점을 덧붙여 내용을 보강한다. 시장, 경합, 자사의 세 가지 점에서 귀납적 방법으로 '참여할 수 있는 기회'임을 주장한다.

이와 같은 논리 구성을 피라미드 구조라고 한다.

피라미드를 구성하는 '계단'은 필요에 따라 몇 가지가 되어도 상관없다. 다음 표에서는 각 사항의 이유에 대해 좀 더 깊이 다루고 있다.

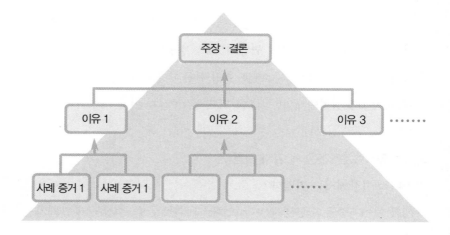

■ 피라미드 구조 프레임워크 ■

피라미드 구조를 작성할 때의 포인트
● 주장을 명확하게 한다.
● 이유를 붙일 때는 주장을 직접 설명한다.
● 이유는 그것만으로 충분한가? 왜 충분한가?

이유를 첨부할 때 논리가 약해지는 포인트로서 "이유가 그것뿐이야? 정말 그 이유만으로 괜찮겠어?" 하는 두 가지를 기억해야 한다.

이 경우는 '시장과 고객(Customer)', '경쟁자(Competitor)', '우리 회사(Company)'라는 3C 프레임워크에 기반하여 주장을 펼치고 있다. 신규 사업 등을 검토할 때는 이 세 가지 관점에서 검토하면 필요 또는 충분하다는 관점이다.

피라미드 구조를 사용할 때는 이유가 그것만으로 충분한지 아닌지를 살

■ 피라미드 구조에 따른 주장의 예 ■

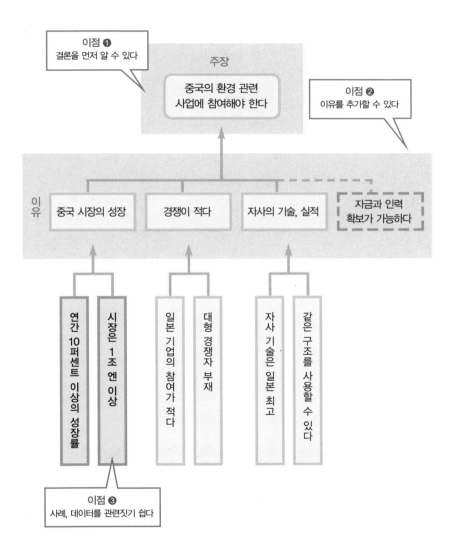

이점 ❶
결론을 먼저 알 수 있다

주장

중국의 환경 관련
사업에 참여해야 한다

이점 ❷
이유를 추가할 수 있다

이유

중국 시장의 성장

경쟁이 적다

자사의 기술, 실적

자금과 인력
확보가 가능하다

연간 10퍼센트 이상의 성장률

시장은 1조 엔 이상

일본 기업의 참여가 적다

대형 경쟁자 부재

자사 기술은 일본 최고

같은 구조를 사용할 수 있다

이점 ❸
사례, 데이터를 관련짓기 쉽다

펴봐야 한다. 예를 들면 '사람, 돈, 물건의 세 가지 관점에서 논의했다' 라는 것도 하나의 프레임워크가 된다.

피라미드 구조는 몇 가지 이점이 있다.

우선 '결론부터 서술할 수 있다' 는 점이다.

피라미드의 정점에는 언제나 주장 또는 결론이 있다. 피라미드의 순서대로 이야기하거나 프레젠테이션을 하면서 결론부터 이야기하고 이유를 전개해가는 흐름이 자연스럽다. 이 방식으로 설명하면 내용이 장황해지지 않고 논리적으로 핵심을 전달할 수 있다.

■ 피라미드 구조의 프레임워크의 예 ① ■

두 번째 이점은 '나중에 이유를 추가할 수 있다'는 것이다.

앞에서 언급한 중국 환경 관련 사업에 대한 신규 참여의 예에서처럼 이유가 빈약하다는 지적을 받았을 경우라면 리소스 관점에서 "참여에 필요한 자금과 인원을 확보할 수 있다는 전망을 세워놓았다"는 것을 추가하면 설득력이 높아질 것이다.

세 번째 이점은 사례나 데이터를 관련짓기가 용이하다는 점이다.

예를 들면 "시장이 성장하고 있다"는 사실을 뒷받침해주는 시장 조사 데이터를 연관시킬 수 있다. 사례나 데이터를 제시함으로써 이유를 명확

■ 피라미드 구조의 프레임워크의 예 ② ■

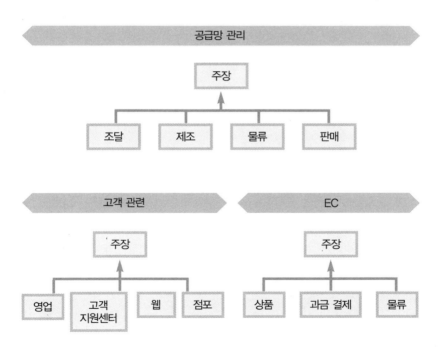

히 할 수 있다.

피라미드 구조는 "이 구조를 언제 어디서나 명확히 설명할 수 있다면 논리적 사고는 모두 배웠다"고 할 수 있을 만큼 궁극적인 툴이다.

'가설 사고'를 통해
가상의 범인을 결정하라

당신이 어떤 문제를 검토하는 일을 맡았다고 하자. 아직 검토를 시작하지도 못했는데 상사가 "그 건은 어떻게 돼가고 있지?"라고 물었을 때 당신은 어떻게 하겠는가?

만약 구체적인 결론이 보이지 않는 단계라면 "아직 데이터를 수집하고 있어서 뭐라 말할 수 있는 단계가 아닙니다. 결론이 나오는 대로 보고하겠습니다. 좀 더 기다려주십시오"라고 대답하지 않았는가?

일반적으로 어떤 사안에 대한 결론을 내리려면 데이터를 수집하고 상세하게 검토한 후 종합적으로 결론을 내리는 방법을 택할 것이다. 우리 컨설턴트의 세계에서는 그것을 총합적인 검토 방법이라 부르는데, 금지 사항으로 여기고 있다.

이 같은 방법을 사용하면 데이터를 수집하는 데만 해도 시간이 많이 걸릴 뿐 아니라 완벽을 추구하느라 "그 데이터가 없으면 결론을 낼 수 없다",

"이런 데이터도 필요하다" 등등의 이유를 대며 쓸데없이 시간을 허비한다. 그리고 마지막에는 데이터가 충분하지 않아 명확한 결론을 낼 수 없게 된다.

형사 콜롬보는 가설 사고로 수사한다

총합적인 검토 방법을 대신하여 컨설턴트가 자주 사용하는 사고법으로 가설 사고라는 것이 있다. 가설 사고란 오해를 두려워하지 않고 '형사 콜롬보' 처럼 추리하는 사고방식을 말한다.

예를 들어 살인사건이 발생했다고 하자. 형사 콜롬보가 어떻게 행동할지 머릿속에 떠올려보라. 콜롬보 형사는 현장을 대충 둘러본 후에 대충 범인의 윤곽을 잡는다. 드라마가 시작된 지 10분 정도면 범인이 누군지, 어떤 방법으로 살해했는지, 동기는 무엇인지 등을 대충 짐작하게 되는 것이다.

이것이 '가설' 이다.

가설은 말 그대로 '가짜 이야기' 이기 때문에 틀려도 상관없다. 대담하게 추측하면서 "혹시 이렇게 전개된 건 아닐까?" 라는 스토리를 그려본다.

추리한 후에는 "만약 나의 추리(가설)가 사실이라면 어떤 증거가 나올 수 있을까?" 를 생각하며 그것을 나열해본다.

형사 콜롬보는 자신의 추리에 따라 탐문하거나 증거를 찾아 나선다. 무턱대고 탐문 수사를 벌이지 않는다. 만약 자신의 추리가 옳다면 이러이러한 증거들이 나와야 한다는 점을 염두에 두고, 그 증거가 나올지 말지에 초점을 좁혀가며 검증해나간다.

이것을 가설의 검증이라 부른다.

사전에 가설을 만들어놓음에 따라 조사해야 할 포인트를 압축하고 효율적인 조사를 시행한다. 비즈니스 현장에서도 마찬가지로 가설 검증을 실행하면서 데이터를 조사해간다.

가설은 틀려도 문제가 되지 않는다

"우리 호텔의 손님이 줄어들고 있다"라는 사건(문제)이 있다고 하자. 여기에 대해 컨설턴트는 과감하게 가설을 세운다. 예를 들어 이런 가설이다.

"문제는 가격이 아니라 비즈니스 고객의 출장이 당일로 바뀌었기 때문이다. 출장 고객에 대해서는 아직 경쟁력이 있을 것 같다."

이 가설을 증명하기 위해서는 우선 그 지역의 비즈니스 출장객의 추이를 조사할 필요가 있다. 만일 장기 출장 고객이 줄어들고 있다면 가설은 들어맞게 된다.

그렇다면 왜 줄어들고 있는가? 반대로 호텔에 투숙하는 손님은 어떤 사람들인가 등을 다시금 가설을 만들어 심도 있게 파헤쳐간다. 이런 데이터 조사법을 실행하다 보면 금세 진실이 드러나게 된다.

한편 데이터를 조사해보고 가설과 반대되는 사실이 나온다면 최초의 가설을 수정할 필요가 있다. 사실과 추측이 다를 경우에는 바로 수정 작업에 들어간다.

컨설턴트 역시 최초의 가설을 세우는 단계에서 백발백중 모두 맞는 가설을 세우는 것은 아니다. 실제로 조사에 착수해보면 사실과 전혀 다른 경우도 있다. 이때는 확보한 데이터를 기초로 가설을 수정하고 다시 한 번 사실을 파악해간다.

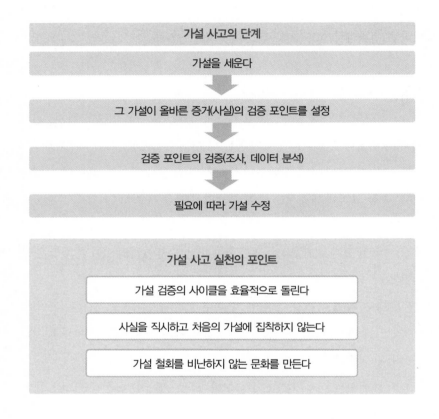

■ 가설 사고의 단계와 포인트 ■

가설 사고의 단계

가설을 세운다

그 가설이 올바른 증거(사실)의 검증 포인트를 설정

검증 포인트의 검증(조사, 데이터 분석)

필요에 따라 가설 수정

가설 사고 실천의 포인트

가설 검증의 사이클을 효율적으로 돌린다

사실을 직시하고 처음의 가설에 집착하지 않는다

가설 철회를 비난하지 않는 문화를 만든다

　　중요한 것은 최초로 세운 가설의 정밀함이 아니라 '가설→검증→수정'
의 사이클을 얼마나 신속하게 돌리는가 하는 점이다.
　　이 사이클을 효율적으로 돌리면 돌릴수록 문제의 원인에 빨리 도달할
수 있다.

틀린 가설은 과감히 폐기하라

처음의 가설에 집착해서는 안 된다. 항상 이 점을 염두에 두길 바란다.

가설을 바탕으로 조사에 들어갔지만 가설이 틀렸다는 것을 확인하게 됐다고 하자. 그럼에도 불구하고 처음의 가설을 바꾸지 않고 오히려 데이터를 왜곡하거나 좋지 않은 상황을 은폐하려고 할 수 있다.

가설은 어디까지나 가설일 뿐이다. 상대방이 세운 가설이 설사 틀렸다 하더라도 제안자를 비난하거나 바보 취급하지 않는 분위기를 조성하는 것이 중요하다.

컨설턴트 회사에서는 가설이 틀려도 그것을 제안한 당사자를 비난하지 않고, 오히려 가설의 오류를 입증하는 과정에서 한 발짝 진실에 근접했다는 점을 긍정적으로 평가한다.

가설 사고가 몸에 익으면 조사 과정의 중간보고 방법도 달라진다. 현시점의 가설과 진척 사항을 전달할 수 있기 때문에 논리적이고 핵심을 찌르는 보고를 할 수 있다.

앞에서 언급한 호텔의 예라면 어떤 보고를 할 수 있을까?

"다른 호텔보다 가격이 비싸다기보다 이 지역으로 출장 오는 비즈니스 고객 자체가 줄어들고 있다고 생각한다. 현시점의 조사에서는 출장 고객이 해마다 감소하고 있다는 사실을 알 수 있었다. 출장 고객의 숙박이라면 우리 호텔이 다른 호텔에 비해 결코 뒤지지 않을지도 모른다. 더 상세한 이유를 조사하고 있다."

이 같은 보고를 한다면 상사도 "과연 그렇군" 하며 수긍할 것이다.

조사와 분석은
'Quick & Dirty'하게

조사나 분석을 할 때 컨설턴트 업계에서는 '퀵 & 더티' 라는 단어를 사용하기도 한다.

'퀵(빠르게)은 알겠는데 더티(더럽다)는 무슨 의미지?' 하고 생각할지도 모른다.

여기서 '더티' 는 정확도는 거칠어도 괜찮으니 재빨리 결론을 내는 쪽이 좋다는 의미다.

일반적으로 조사나 분석을 할 때 정확도를 중시하여 세세한 부분까지 숫자를 나열해야만 올바른 조사라고 생각하는 사람이 많다.

정부의 통계자료나 자연과학의 실험처럼 엄격하고 완벽에 가까운 정확도를 요구할 경우에는 확실히 그럴 것이다. 그러나 이런 완벽주의가 비즈니스에서는 방해물이 될 수도 있다.

가설 검증에 필요한 조사-분석은 대략적으로, 빠르게

비즈니스 현장의 조사나 분석은 정부의 통계자료나 과학 실험과는 다르다. 컨설턴트가 조사나 분석을 행하는 목적은 대부분 '가설이 올바른지 아닌지를 검증하기 위한' 것이다. 가설 검증에 필요한 수준의 조사라면 자연과학에서처럼 세밀한 정확도는 필요하지 않다.

예를 들면 이런 것이다.

"호텔 손님이 줄고 있는 것은 경쟁에 져서가 아니라 시장의 파이(비즈니스 출장 고객)가 줄어들고 있기 때문은 아닐까?" 하는 가설을 세웠다고 하자. 이럴 경우 맨 처음 실행하는 조사나 분석은 우리 지역을 방문하는 비즈니스 출장 고객이 정말로 줄어들고 있는지의 여부다.

조사를 시행할 때는 출장 고객이 감소세인지 증가세인지를 짐작할 수만 있다면 합격점이다. 증가하고 있다면 최초의 가설은 틀린 셈이 되므로 서둘러 수정에 들어가야 한다. 따라서 판단 자료로서의 데이터가 있으면 좋을 것이다.

때문에 대략적인 데이터라도 줄어들고 있는지, 증가하고 있는지를 파악할 수 있다면 충분히 의미가 있다.

이 단계에서 '몇 명' 단위까지 정확한 숫자를 그래프로 만들어 추적하는 것은 의미가 없다.

"적어도 5년간 20~30퍼센트 정도 줄었다"라는 식의 대체적인 경향을 파악할 수 있으면 된다. 비즈니스 현장에서는 대체적인 경향을 아는 것만으로도 충분하며, 거기에 기초하여 가설을 수정하거나 의사결정을 할 수 있다.

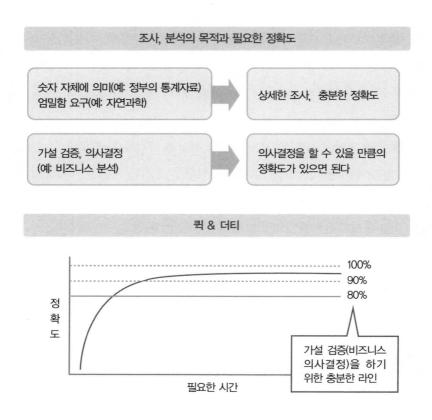

■ 퀵 & 더티의 원칙 ■

조사, 분석의 목적과 필요한 정확도

숫자 자체에 의미(예: 정부의 통계자료)
엄밀함 요구(예: 자연과학)
→ 상세한 조사, 충분한 정확도

가설 검증, 의사결정
(예: 비즈니스 분석)
→ 의사결정을 할 수 있을 만큼의
정확도가 있으면 된다

퀵 & 더티

정
확
도

100%
90%
80%

필요한 시간

가설 검증(비즈니스
의사결정)을 하기
위한 충분한 라인

의사 결정은 70~80퍼센트의 데이터로도 충분하다

일반적으로 데이터나 분석의 정확도는 시간을 들이면 들일수록 좋아지지만 90퍼센트를 넘는 부근에서는 시간당 정확도 향상 곡선은 둔해진다. 10퍼센트의 정확도를 90퍼센트로 만드는 것과 90퍼센트의 정확도를 95퍼센트로 만드는 데는 비슷한 시간이 든다.

그러나 조사나 분석이 목적인 비즈니스 현장에서 의사결정을 하는 데는 70~80퍼센트 정도의 데이터만 있어도 충분하다. 때로는 50퍼센트의 데이터로도 의사결정을 할 수 있다.

완벽주의가 일을 망친다

의료기관용 제품을 판매하는 회사의 영업 컨설팅을 한 적이 있다. 이 회사에서는 영업 방침이라고 해봐야 매출 목표액을 제시하는 것뿐, 그밖의 매니지먼트라는 게 존재하지 않았다. 미심쩍고 신경이 쓰인 부분은 타깃팅이다.

이론으로 치자면 환자가 많은 병원, 환자가 늘어나는 병원을 공략하는 쪽이 효율적일 것이다. 그런데 영업사원들은 개인적으로 사이가 좋고 상대하기 쉬운 병원만 방문하고 있었다. 조직적으로 타깃을 정해놓고 활동하지 않는 게 너무나 비효율적이라는 생각이 들었다.

나는 이 사실을 조사하여 적절한 타깃팅을 제안해볼 참이었다. 그런데 초반부터 암초에 걸렸다.

"정확한 환자 수는 잘 모르겠다."

"추측일 뿐이니 의미가 없다."

"시장조사 회사의 데이터베이스는 정확하지 않다."

"개별적인 형편에 맞추는 게 중요하다."

등등의 이유였다. 모든 것이 완벽하게 드러나지 않는 상태에서는 한 발짝도 움직이지 않으려 하는 것, 이것이 완벽주의병이다.

그러나 '영업사원이 자기 편한 곳만 방문하는 현상'을 검증하기 위해서라면 후생성이 발표한 정확한 환자 수는 필요하지 않다.

여기서 잠재적인 환자의 규모를 A부터 E까지 5위로 분류했다. 시장 조사 회사로부터 간단한 숫자 리포트도 입수했고, 실제로 영업사원과 논의한 지 하루 만에 지역의 200개 병원을 환자 수에 따라 A~E로 분류할 수 있었다.

그다음에는 영업사원이 방문한 병원을 일지에 기록한 것을 조사했다.

이를 대조하여 살펴본 결과, 더 자주 방문해야 하는 A에 속한 병원은 적게 방문하고 B나 C를 더 많이 방문했다는 사실이 드러났다. E의 방문도 예상보다 많았다.

A부터 E라는 식의 간단한 순위이기 때문에 정보로서는 부정확하다. 그러나 영업사원이 '타깃을 정해놓고 영업 활동을 하는 것이 아니라 자신이 상대하기 쉬운 병원'을 주로 방문한다는 사실을 알기에는 충분한 정보였다.

이를 기초로 타깃팅의 중요성을 인식할 수 있었고, 어떻게 하면 적절한 타깃팅을 할 수 있을지, 그러기 위해 필요한 정보를 어떻게 수집할지 등 영업 매니지먼트 체제의 구축으로 이야기가 진전되었다.

조사나 분석은 반드시 가설과 세트로 실행하라

조사나 분석을 의뢰받으면 많은 비즈니스맨들이 조사나 분석 그 자체에 몰입하여 정확도를 높이는 데만 힘을 쏟는다. 조사나 분석의 결과를 통해 어떤 판단을 내리고자 하는 것임을 잊어버리는 것이다.

그 결과 '정확한 데이터나 분석을 얻지 못하면 한 발짝도 앞으로 나갈 수 없는' 상황에 빠진다. 하지만 컨설턴트들은 현시점에서 손에 넣을 수 있는 데이터를 가지고 상황을 판단하고 일을 추진해가는 방식을 택한다.

업무의 목적을 제대로 파악하고 시간을 고려하여 속도감 있는 조사와 분석을 실행하는 것이 중요하다. 그러기 위해서는 항상 무슨 목적으로 어떤 데이터를 수집할지, 기준이 될 가설을 의식하면서 진행시킬 필요가 있다.

아무런 가설도 상정하지 않고 데이터만을 수집하려 든다면 일의 방향성을 찾지 못해 결국 정밀도를 높이는 데만 매달리기 쉽다. 조사 분석과 가설 사고는 반드시 세트로 사용해야 한다.

1부의 핵심 포인트

- 상식은 사람마다 다르다. '암묵적 규칙' 을 의식하며 논리를 전개한다.
- 관계만으로는 인과관계가 성립되지 않는다. 인과관계가 일어날 확률을 검토한다.
- '역', '이', '대우' 를 구별하고 논리가 올바른지 점검한다.
- 결론을 세 가지 관점에서 유지하는 '피라미드 구조' 를 사용한다.
- 가설 사고는 '가설→검증→수정' 의 사이클을 신속하게 돌리는 것이 중요하다.
- 조사와 분석은 신속하게, 러프하게. 목표가 세워지면 정확도에 완벽을 기할 필요는 없다.

2부

논리적으로

'전달하는'

요령

Logical Thinking

'결론-이유-증거' 원칙으로 설득력을 높여라

'이야기가 잘 전달되지 않는다', '터무니없는 이론 같다', '무슨 말을 하고 싶은지 모르겠다' 등등. 이런 고민을 하는 사람은 설득력을 높이기 위한 'CRF의 원칙'을 기억해두면 좋다.

CRF 원칙이란 어떤 의견을 전달할 때는 결론(conclusion), 이유(reason), 증거(fact) 세 가지가 있어야 한다는 것이다. CRF 원칙에 따라 의사 전달을 하면 설득력이 높아지고 상대가 이해하기 쉽다.

이유는 세 가지로 압축하라

설득력이 없는 프레젠테이션이나 이야기에는 CRF 원칙 중 어느 하나가 결여된 경우가 많다. 또한 쓸데없이 긴 프레젠테이션은 CRF의 순서가 뒤바뀐 경우가 대부분이다.

우선 결론(conclusion)이란 최종적으로 상대에게 전달하고 싶은 메시지를 말한다.

요컨대 무엇을 말하고 싶은가? 무엇을 원하는가?

메시지는 가능한 한 간결해야 한다. 결론을 간결하게 전달함으로써 무엇을 말하고 싶은지가 명확해지고, 문장이 장황해지지 않는다.

다음은 결론 부분인데, 주장에 이르는 이유(reason)를 세 가지 정도로 정리하여 제시한다. "회사 업무용 PC는 D사의 노트북을 구입해야 한다"는 내용을 설득하고 싶다면 "비용 면에서 유리하다", "AS도 충실하다", "용도에 맞춰 유연한 제품으로 편성할 수 있다"는 등의 이유를 든다. 이러한 이유는 결론이나 주장을 뒷받침해준다.

이유는 3개 정도로 압축한다.

이유가 대여섯 개나 된다고 하더라도 3개 정도로 압축 정리해야 한다. 여러 가지 이유를 줄줄이 나열하면 듣는 사람이 질릴 뿐 아니라 이유에 대한 명확성도 떨어진다.

마지막으로 각각의 이유를 뒷받침해줄 만한 사실(fact)이나 데이터를 제시한다. '비용 면에서 유리'하다는 사실을 이유로 들었다면 같은 성능의 PC 가격을 비교한 표 등을 증거 자료로 내세워 프레젠테이션을 한다.

주관적인 믿음으로 근거를 대체하지 마라

증거가 될 만한 사실이 있느냐 없느냐에 따라 설득력이 달라진다.

설득력이 결여된 프레젠테이션은 팩트 부분이 약한 경우가 많다. 증거 없이 이유만을 장황하게 설명하면 막연한 '믿음'이나 '억지 이론'으로 취급되기 쉽다.

이유와 증거를 세트로 만들어 제시함으로써 객관적인 사실을 기초로 전달하는 것이 중요하다.

증거를 내세울 때는 단순한 사실이나 데이터를 나열하는 데 그치지 말고 표를 만들거나 관련 자료 분석을 첨가하여 참가자가 한눈에 보기 쉽게 작성한다.

또한 증거가 될 사실이나 데이터가 하나만으로는 불충분할 경우에는 사실을 늘려 설득력을 높일 수 있다.

PC의 가격 비교를 할 때 현시점에서의 비교표만으로는 "가격이 싸다는 이유만으로 구입하려는 것인가?"라는 반론이 제기될 가능성이 있다. 과거 5년간의 가격 추이나 각종 지원 비용을 포함한 토털 비용 비교표 등의 자료를 첨부하면 '비용 면에서 유리' 하다는 이유를 강력하게 주장할 수 있다.

프레젠테이션을 구성할 때는 CRF의 원칙을 의식하며 작성해보자.

CRF로 프레젠테이션 원고를 재검토하라

CRF의 원칙에 따른 프레젠테이션을 할 때는 즉흥적인 생각이나 주먹구구식으로는 잘 진행되지 않는다는 것을 알 수 있다.

논리적인 사고를 사용하여 생각을 정리하고 CRF로 다시 정리할 필요가 있다. 프레젠테이션을 준비하려면 결국 이런 과정을 거쳐야 한다.

프레젠테이션을 할 때는 말하는 방법이나 손짓, 몸짓과 같은 외적인 요소도 있지만 CRF 구성만 잘 짜면 전달하는 방법이 다소 미흡하더라도 말하고자 하는 내용을 충분히 전달할 수 있다.

▪ CRF의 원칙 ▪

Conclusion **+** Reason **+** Fact

결론(주장) **+** 이유(근거) **+** 증거
(사실, 데이터)

이 세 가지가 갖춰질 때 비로소 설득력 있는 주장을 할 수 있다

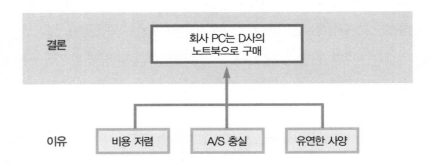

결론 ——— 회사 PC는 D사의
노트북으로 구매

이유 ——— 비용 저렴 · A/S 충실 · 유연한 사양

※증거 데이터는 하나의 이유에 대해
복수가 되어도 상관없다

증거 ——— 가격 비교
조사표 · A/S에 대한
평가표 · 확장성 분석

세부적인 사항에 크게 신경 쓰지 않아도 CRF를 잘 정리하여 각각의 핵심을 차분하게 설명하는 것이 프레젠테이션의 왕도다.

공허한 '백지 결론'은
절대로 피하라

'백지 결론'이란 결론이 없는 결론을 말한다. 결론에 아무런 메시지가 없다는 것이다.

백지 결론이란 예를 들면 다음과 같은 것이다.

"영업 부문에서는 많은 문제가 발견되었다."
"이 제품에는 세 가지 이점이 있다."

언뜻 보면 결론 같지만 결론이 아니다. 단순히 문제점이나 이점을 적어 놓은 것에 불과하다. 즉 메시지나 시사점이 없다는 얘기다.

결론으로서 듣고 싶은 것은 영업 부문의 조목별 문제점에서 무엇을 말하고 싶은지, 어떤 행동을 취해야 하는가에 대한 메시지나 시사점이다.

메시지가 없는 결론은 결론이라고 할 수 없다.

'문제를 해결해야 함'은 결론이 아니다

영업 부문의 문제에 관한 이야기를 좀 더 해보자. 영업 부문의 문제점을 컨설턴트가 조사하고 있다고 하자.

그 결과 많은 문제점이 발견되었다.

"영업 계획을 세우는 방법이 산발적이다", "예산과 실적 관리가 확실하지 않다", "일일 보고, 주간 보고를 도입하고 있지만 형식적일 뿐이다", "상사는, 예산을 날리면 그 다음은 개인에게 맡긴다"는 식의 구조다.

이런 문제점에서 도출할 수 있는 결론은 무엇일까?

백지 결론은 안 된다는 것을 잊지 말자.

"영업 부문에서는 많은 문제점이 발견됐다", "영업 부문은 이런 문제를 해결해야 한다"고 말하는 것이 백지 결론이다.

이는 문제점의 요약도 아니고 시사도 아니다.

"그래서 어쩌란 말인가?"라는 말을 들었을 때 정확한 답변을 하지 못한다면 결론이라고 할 수 없다.

백지 결론과 유의미한 결론은 어떻게 다를까

그러면 컨설턴트는 어떤 결론을 낼까.

"영업부에서는 PDCA 사이클이 실행되지 않고 있다"라는 것이다.

PDCA(Plan→Do→Check→Action)는 계획을 세우고, 실행하고, 체크함으로써 다음 계획에 반영하는 기본 매니지먼트 사이클을 말한다.

영업 부문에서 발견된 여러 가지 문제는 PDCA 사이클이 실행되지 않음(또는 존재하지 않음)에 따라 일어날 수 있는 현상이다. 결국 PDCA 사이클

▪ 백지 결론과 의미 있는 결론의 차이 ▪

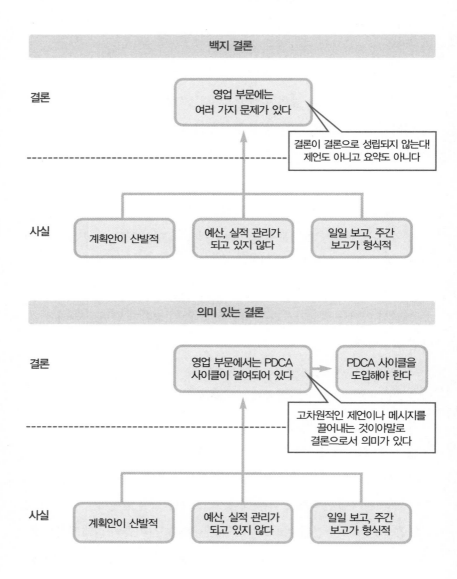

백지 결론

결론
> 영업 부문에는
> 여러 가지 문제가 있다

> 결론이 결론으로 성립되지 않는다!
> 제언도 아니고 요약도 아니다

사실
> 계획안이 산발적

> 예산, 실적 관리가
> 되고 있지 않다

> 일일 보고, 주간
> 보고가 형식적

의미 있는 결론

결론
> 영업 부문에서는 PDCA
> 사이클이 결여되어 있다

> PDCA 사이클을
> 도입해야 한다

> 고차원적인 제언이나 메시지를
> 끌어내는 것이야말로
> 결론으로서 의미가 있다

사실
> 계획안이 산발적

> 예산, 실적 관리가
> 되고 있지 않다

> 일일 보고, 주간
> 보고가 형식적

의 문제에서 기인한 것이다.

컨설턴트는 현상의 나열을 보고하는 것이 아니라 좀 더 고차원적인 원인인 PDCA 사이클의 결여라는 메시지를 제시했다. 따라서 PDCA 사이클을 실현할 업무 프로세스의 구축과 정보 시스템을 도입해야 한다는 결론에 이르게 된다.

사실과 의견을
구분하라

어디까지가 사실이며, 어디까지가 의견인지 파악하기 어려운 보고가 있다. 파악하기 어렵다기보다 어디까지를 진실로 취급해야 좋을지 판단할 수 없는 경우다.

사실과 의견을 혼동하는 사람은 사실과 의견의 차이를 모르는 경우가 많은 것 같다.

사실과 의견을 뒤섞으면 대화가 되지 않는다

'사실'이란 누구나 보고 알 수 있는 객관적인 숫자나 데이터를 말한다.

'의견'이란 그 숫자나 데이터를 보고 '나는 이렇게 해석했다', '이렇게 생각한다'는 의견을 뜻한다.

CRF 원칙으로 말하자면 C(Conclusion), R(Reason), F(Fact)는 서로 분리해서 전달해야 한다.

예를 들면 다음과 같은 예를 들 수 있다.

경쟁 제품에 대해 상사가 부하직원에게 질문을 하고 있다.

상사　"B사에서 나온다는 제품 말인데, 가격은 어느 정도로 예상되나?"

부하직원　"B사 제품은 신기종으로 비용 절감이 가능할 것 같습니다. 상당히 싼 가격으로 출시된다는 소문입니다."

상사　"가능할 것 같다니? 그건 자네 생각인가, 아니면 다른 사람의 생각인가? 그리고 싸게 출시된다는 정보라도 입수한 건가?"

부하직원　"경쟁도 치열하고, 가격도 파격적인 걸로 보아 16만 엔 정도로 보고 있습니다."

상사　"으음. 그래서 어쩌란 말인가?"

대화가 맞아떨어지지 않고 있다. 부하직원은 의견을 말하고 있지만, 그것을 뒷받침할 만한 사실과 자신의 의견을 혼동하고 있다.

토론은 사실과 사실의 대립이다

사실과 의견을 분리하여 전달하면 커뮤니케이션이 수월해진다.

상사　"B사가 내놓는다는 제품 말인데, 가격은 어느 정도로 예측하나?"

부하직원　"18만 엔 이하로 생각합니다. 제품 사양과 경쟁 환경 요인, 두 가지 측면에서 생각할 수 있습니다."

상사　"오호, 이유를 들어볼까?"

■ 사실과 의견을 분리하여 논의한다 ■

'사실'을 공유

A씨   사실   B씨

나는 이 숫자를
○○으로 해석한다

나는 다른 견해도 있을
수 있다고 생각한다

건설적인 논의

의견 vs 의견

A씨   B씨

나는 이렇게 생각하는데

아냐, 난 이렇게
될 거라고 생각해

일치하지 않는 논의
탁상공론

부하직원 "B사가 제품 사양에서 신기종을 채택할 것이라는 건 잘 알려진 사실입니다. 그럴 경우 제조원가가 10퍼센트 정도 내려간다는 것이 설계 팀의 예상입니다. 현재 가격에서 10퍼센트를 빼면 18만 엔이 됩니다."

상사　"과연 그렇군."

부하직원　"하지만 B사의 신기종은 공용부품을 사용하고 있고, 만들면 만들수록 비용이 저렴해집니다. 최종적으로는 10퍼센트의 추가적인 감소도 가능할 것 같습니다. 치열한 경쟁까지 감안한다면, 처음부터 16만 엔대로 설정하는 것도 가능하다고 봅니다."

상사　"우리 제품이 18만 엔대이니, 그쪽에선 가격을 16만 엔대로 책정할 수도 있겠군."

이런 식의 구조다.

객관적인 사실과 거기에서 추측할 수 있는 사항을 구분하여 전달하고 있다.

만일 사실 해석에 차이가 있으면 그 부분에 대해 논의할 수가 있다.

사실과 사실이 부딪치는 논의가 논리적인 논의다.

이와 반대가 되는 것은 믿음과 믿음이 부딪치는 논의다.

각자의 믿음만 가지고 논의를 한다면 똑같은 사실에 대해서도 다르게 해석하는 경우가 적지 않고 시간이 지날수록 의견이 계속 어긋나게 된다.

따라서 의견과 사실을 구별하여 전달하는 것이 중요하다.

팩트 선택에도
요령이 있다

적절한 '팩트'를 사용하면 강력한 설득 자료가 되지만, 부적절한 팩트를 사용하면 이치에 맞지 않는 이론이나 생각으로 취급되기 쉽다. 따라서 팩트를 선택하는 데도 요령이 필요하다.

팩트(fact: '사실')란 누가 보더라도 납득할 수 있는 객관적인 사실이나 데이터를 말한다. CRF 원칙의 세 번째 요소이기도 하다.

팩트를 이유의 증거로 제시할 경우 가능한 한 객관적이고 중립적인 팩트를 사용해야 한다.

객관적이고 중립적인 팩트는 다음 세 가지가 핵심이다.

정량 데이터를 사용하라

설득력이 강한 팩트를 만들기 위한 최초의 조건은 정량(定量) 데이터를 사용하는 것이다. 누군가의 감상이나 견해와 같은 정성(定性)적인 것을 근거로 사용하는 것이 아니라 숫자로 표현할 수 있는 데이터를 사용하여 이유나 증거를 제시해야 한다.

예를 들어 "시장이 커지고 있다"보다는 "연간 30퍼센트씩 성장하고 있다"고 말하는 쪽이 설득력이 있다. "자사 제품의 시장점유율이 하락하고 있다"라고 말하는 것보다 "과거 5년간 시장점유율이 10포인트 정도 떨어지고 있다"라는 데이터를 제시하는 쪽이 객관적이다.

이렇게 정량 데이터를 사용하면 탁상공론을 방지할 수 있다.

예를 들면 "사무 업무에 시간을 뺏기고 있어 곤란하다", "잔무가 많아서 영업에 집중할 수 없다", "어느 부서라도 사무 업무는 번잡하게 마련이다" 등 주관적인 논의만 나온다면 결코 의견 일치를 볼 수 없다.

이런 경우에는 정량적인 데이터를 파악하기 어렵다.

구체적으로 문제 해결에 시간이 얼마나 걸리는지, 영업 부문의 시간 조사 등을 실시하여 통계를 내본다. 결과가 "평균적으로 영업 부문 한 사람당 주 6시간이며, 많게는 12시간 걸린다"라는 식은 어떨까. 누가 보더라도 납득할 수 있는 객관적인 데이터가 될 것이다.

1차적인 정보가 가장 중요하다

다음으로 중요한 것은 1차적인 정보다.

예를 들어 고객의 클레임이 많을 경우 영업부의 의견을 통해 내용을 파악하기보다 고객에게 직접 듣는 등의 1차적인 정보를 얻어야 한다.

반면 중간에 누군가가 개입되어 있는 정보를 '2차 정보, 전문 정보'라고 한다. 2차 정보, 전문 정보의 경우에는 정보를 전달하는 사람의 선호도나

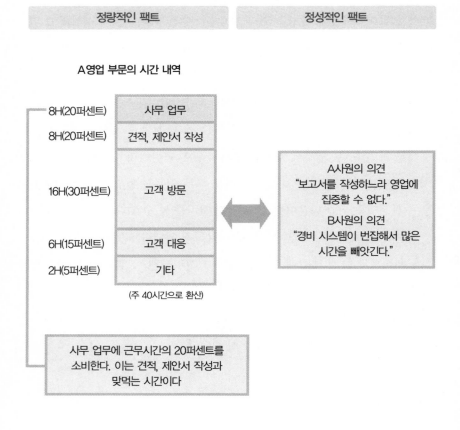

■ 정량적인 팩트와 정성적인 팩트의 차이 ■

정량적인 팩트

정성적인 팩트

A영업 부문의 시간 내역

8H(20퍼센트) | 사무 업무
8H(20퍼센트) | 견적, 제안서 작성
16H(30퍼센트) | 고객 방문
6H(15퍼센트) | 고객 대응
2H(5퍼센트) | 기타

(주 40시간으로 환산)

A사원의 의견
"보고서를 작성하느라 영업에
집중할 수 없다."

B사원의 의견
"경비 시스템이 번잡해서 많은
시간을 빼앗긴다."

사무 업무에 근무시간의 20퍼센트를
소비한다. 이는 견적, 제안서 작성과
맞먹는 시간이다

의견이 개입될 수 있다.

하지만 고객으로부터 직접 들은 정보나 콜센터로 들어온 고객의 의견이
라면 누구나 그것을 사실로 받아들일 수밖에 없다.

전형적인 2차 정보, 전문 정보는 신문이나 잡지에 실린 기사다. 기자가 자신이 취재한 것을 자기 편의나 시점에서 편집한 경우도 있다.

신문이나 잡지 기사를 인용하여 '때문에 ○○이다'라고 주장해도 설득력 있는 설명이 되지 않는다. 오히려 신문이나 잡지 기사를 인용하면 이유가 불충분하여 신뢰도가 떨어질 수 있다. 따라서 2차 정보는 피하는 것이 좋다.

중립적인 시점, 제3자의 평가를 사용하라

마지막 요소는 중립적인 평가, 제3자의 평가를 인용하는 것이다.

사내 리포트나 사내 기준보다는 외부 조사나 외부의 평가 리포트, 외부에서 조사한 자료 등을 인용하는 편이 훨씬 객관적이고 중립적이기 때문에 설득력이 더 높다.

예를 들면 SE 기술을 조사하고 현상을 파악하여 자사의 SE 기술력을 더욱 높일 필요가 있다는 제안서를 제출하고 싶다고 하자.

이럴 경우 독자적인 기준으로 기술 평가를 하기보다는 ITSS(경제산업성이 정리한 IT 기술에 관한 기준) 등 외부기관이 정한 중립적인 평가 기준을 이용하면 객관성과 설득력을 높일 수 있다.

비즈니스에 적합한 PREP법,
마지막까지 매혹적인 SDS법

프레젠테이션 구성은 크게 PREP법과 SDS법, 두 가지로 나눌 수 있다. 전달하는 내용과 상대에 따라 어떤 구성이 더 적합하고 효과적인지를 판단해야 한다.

결론부터 빨리 말하는 PREP법

PREP법은 다음과 같은 순서로 구성된다. ①결론을 이야기한다. ②결론에 이르는 이유를 이야기한다. ③이유에 대한 구체적인 사례를 들어 설득력을 높인다. ④포인트가 될 만한 내용을 반복 서술하면서 마친다(86쪽 표).

이 책에서 제시하는 '결론부터 이야기한다', 'CRF로 구성한다'는 것은 모두 PREP법의 흐름을 따른 것이다.

PREP법은 부서 내에서 검토해온 방침이나 조사 결과 등을 발표할 때 적합하다. 회의 참가자가 사전에 회의 주제는 무엇이며, 어떤 논의가 이루어질 것인지를 알릴 때는 PREP법이 가장 좋다.

회의 참석자 중에는 시간이 많지 않은 사람, 성질이 급한 사람이 있을 것이다. 그들은 무엇보다 검토 결과인 '결론'을 알고 싶어할 것이다. 이럴 때는 결론부터 전달하는 PREP법을 사용하여 짧은 시간 안에 요점을 효과적으로 전달한다.

또한 PREP법은 결론 내용을 상대가 납득할 수 있도록 설득하는 데도 적당하다. 논리적으로 전개하여 최종적으로 합의를 얻어내는 프레젠테이션이다. 즉 결론이나 논리성이 중요한 비즈니스 현장에서의 프레젠테이션을 할 때는 PREP법이 유리하다.

SDS법의 매력 포인트는 '예고편' 달기

한편 시간 여유가 있을 때 사용하는 방법이 SDS법이다. 먼저 전달하고 싶은 사항의 개요나 목차에 대해 이야기한다. 그런 다음 각 부분의 세부 사항을 순서대로 이야기하고 마지막으로 결론을 이끌어낸다. 이것이 SDS법이다(86쪽 표).

SDS법은 프레젠테이션 내용에 대해 청중이 전망이나 예측을 할 수 없는 경우에 쓰면 좋다. 예를 들어 강연회나 세미나, 신제품 발표회나 연구 성과 발표, 회사의 사업 내용에 관한 프레젠테이션 등에 적당하다.

SDS법을 사용한 세미나의 예를 들어보자.

세미나를 시작할 때 "오늘 제가 하고 싶은 이야기는 프레젠테이션의 기술에 관한 것입니다. 두 가지 방법을 소개하고, 각각의 장점과 단점, 그리고 사용법에 관해 설명하겠습니다. 아무쪼록 돌아가실 때는 이 내용을 기

	적당한 장면	적당한 내용, 목적
P Point = 결론 **R** Reason = 이유 **E** Example = 구체적인 사례 **P** Point = 결론을 강조	비즈니스 프레젠테이션 회의 보고 조사 보고 등	결론 중시 왜 그런 결론이 나왔는가에 대한 논리성이 중시될 때 상대를 설득하거나 납득시킬 목적
S Summary = 개요 **D** Detail = 상세 **S** Summary = 정리	강연, 세미나 연수 제품 발표 연구 발표, 회사 설명회	스토리 중시 결론보다는 그 과정이나 이야기에 무게를 둘 경우

억하시길 바랍니다"라고 말하는 형식이다.

이 개요 부분에서 청중의 마음을 사로잡은 다음 구체적인 이야기로 들어가는 기법이다. 구체적인 이야기를 한 다음에는 마지막으로 '오늘 이야기한 것을 정리'하고 강연을 마친다. 이것이 SDS법이다.

세미나나 신제품 발표에서 초두에 소재(결론)를 밝혀버리면 청중들은 "이제 다 알아버렸으니 그다음은 들을 필요가 없겠네" 하면서 돌아가버린다. 때문에 PREP법은 적합하지 않다. 마지막까지 청중이 이야기에 집중할 수 있도록 결론은 마지막에 말하는 것이 좋다.

그러나 지루하고 장황하게 설명하면 청중을 설득할 수 없기 때문에 이야기의 초두에서 결론에 이르기까지의 줄거리를 간단하게 소개하여 청중의 마음을 사로잡음과 동시에 이야기의 흐름을 이해할 수 있을 정도의 느낌으로 프레젠테이션을 전개한다.

또한 SDS법은 논리성이나 설득을 위한 방법이라기보다는 이야기 자체에 의미가 있는 경우에 적당한 기법이다. 개요나 결론보다는 그 내용 안에 있는 에피소드, 검토 과정이나 기법 해설과 같은, 내용 자체에 의미가 있는 경우다. 비즈니스 세미나 등에는 이 기법이 가장 잘 어울린다.

상황이나 상대에 따라 구별하여 사용하라

PREP법과 마찬가지로 SDS법도 내용이나 청중에 따라 구별해서 사용해야 그 진가가 발휘된다.

위의 사례에서처럼 이야기를 들어주길 원하는 내용을 프레젠테이션할 때에는 SDS법을 사용함으로써 청중의 마음을 사로잡아 마지막까지 전달하고자 하는 내용을 전할 수 있다.

한편 월례 영업회의 등에서 빨리 숫자를 알고 싶어하는 임원들을 상대로 할 때는 SDS법을 사용하지 않는 것이 좋다. 임원들이 알고 싶어하는 내용에 초점을 맞춰 간결하게 PREP법을 사용해야 한다.

'기승전결' 화법은
더 듣고 싶은 마음을 없애버린다

기승전결은 논리 구성에 관한 이야기가 아니다. 기승전결이란 '이야기의 고조법'으로, 논리적으로 이야기하기 위한 문장 구성법이 아니다.

학교 다닐 때 국어 시간에 "기승전결을 의식하면서 글을 쓰라"는 이야기를 들었을 것이다. 그 때문에 비즈니스 문장을 작성할 때도 기승전결을 사용해야 한다고 생각하는 사람이 적지 않다.

논리적인 사고에 '이야기'는 필요 없다

예를 들어 "영업부에서 노트북을 구매할 계획인데 어떤 기종으로 할 것인가?"라는 주제에 관해 기승전결을 도입하여 이야기하면 이런 식이 된다.

기　"영업부 PC를 어떤 것으로 구입할지 검토해보라는 지시를 받았습니다. 그것이 본건의 계기입니다."

승 "PC에 관해 잘 아는 시스템부 부장님의 이야기를 들어보는 게 좋을 것 같습니다. 시스템 부장이 사용하고 있는 PC 기종이 역시 좋아 보였습니다."

전 "그러나 실제로 이야기를 들어보니 컴퓨터 마니아인 부장은 노트북만 4대. 집에도 데스크톱이 3대나 있다고 들었습니다. 그것도 모두 회사가 다르고 일부는 직접 조립한 것 같았습니다."

결 "결론적으로 부장님의 의견은 D사의 노트북이 무난하다는 것이었습니다. 영업부에서도 D사의 노트북을 사용하면 어떨까요?"

느낌이 어떤가? 무슨 만담을 읽고 있는 것 같지 않은가?

시종일관 부장의 의견만 있고, 결론적으로 D사의 제품을 권장하게 된 이유에 대해서는 설득력이 전혀 없다.

기승전결은 스토리를 고조시키기 위한 기법으로 시나리오에 주로 사용된다. 논리적인 구성과 혼동해서는 안 된다. 만담이나 소설을 구성할 때는 이 기법이 유용하겠지만 비즈니스 문장에서는 별 도움이 안 된다.

처음부터 '범인'을 밝혀라

비즈니스 문장에서는 CRF 원칙을 의식하면서 문장을 작성해야 한다. 결론을 먼저 전달하고, 그 이유를 서술하고 데이터를 제시한다.

먼저 결론이 제시되기 때문에 추리소설에서는 있을 수 없는 구성이다. 첫줄에서 "범인은 ○○이다. DNA 위장에 따른 완전범죄를 노렸지만 알리바이가 명확하지 않았기 때문에 결국 체포되고 말았다"라고 쓴다면 더 읽어보나 마나 한 소설이 될 것이다. 하지만 비즈니스 문서를 쓰는 경우라면 첫줄에서 범인을 밝히라고 권장한다.

국어 시간에는 비즈니스를 위한 논리적인 문장이 아니라 에세이나 소설처럼 재미있는 글을 쓰기 위한 표현 방법을 배우는 경우가 많다.

에세이나 소설의 구성과 비즈니스 문서의 구성은 목적부터가 다르다. 기승전결 구조는 완전히 잊어버리는 게 좋다.

07

프레젠테이션 준비의 핵심은
논리 구성이다

논리적으로 '전달하는' 실천편으로 컨설턴트가 사용하는 프레젠테이션 구성법을 배워보자.

'논리 구성 도표'만 있으면 준비 끝

컨설턴트의 프레젠테이션 자료는 의외로 심플하다. 컨설턴트는 프레젠테이션 자료를 만들기 전에 논리 구성을 훈련한다.

피라미드 구조나 CRF에 따라 결론은 무엇인지, 그 이유는 무엇인지, 이유를 뒷받침할 사실이나 데이터에는 무엇이 있는지를 '논리 구성의 도표'로 만들어 정리한다. 이것만 논리적으로 만들 수 있다면 프레젠테이션 자료는 거의 완성된 것이나 다름없다.

예를 들어 "영업부에서 도입할 컴퓨터는 D사의 제품이 좋다"라는 프레젠테이션을 할 경우를 들어보자. 논리 구성 도표에는 세 가지 이유가 제시되어 있고, 각각의 이유가 타당한 것임을 보여주는 조사 데이터나 비교표 등의 '재료'가 있다.

이 내용들을 있는 그대로 순서에 맞춰 프레젠테이션 자료에 집어넣는다.

첫 장은 도입 부분으로 검토 배경, 전제사항 등을 적는다. 여기에서 표현하려는 것은 "문제를 올바르게 파악하고 있다"는 것이다.

PC 도입의 경우 'PC 도입에 이른 경위, 이번에 필요한 수량, 사용할 수 있는 예산 총액, 여러 회사 제품을 비교하여 검토하라는 상사의 지시' 등의 기본 사항을 담는다.

다음은 '결론' 부분의 슬라이드다. 'D사의 노트북을 구입한다'라는 결론, 그리고 직접적인 이유가 될 "비용과 서비스, 사용법 등을 고려할 때 D사가 유리"한 이유를 간결하게 정리한다.

그다음은 각각의 이유에 관한 설명을 순서대로 나열한다. 첫 번째 이유는 '비용적인 측면'이기 때문에 비용 면에서 유리한 증거를 슬라이드로 정리한다.

'가격 비교표' 한 장, '러닝 코스트 비교표' 한 장. 이 슬라이드에서는 순수하게 비교표 등의 데이터를 나타내야 한다.

그다음은 두 번째 이유에 관한 설명에 이어 세 번째 이유에 관한 설명을 하고, 마지막 장에서 결론을 다시 한 번 반복한다.

자료 준비 단계에서 구성을 바꾸지 마라

거창하게 프레젠테이션 구성법이라 말했지만 어쩐지 맥이 빠지는 느낌이다. 논리 구성 도표를 프레젠테이션 슬라이드로 그대로 적어 넣었을 뿐이

■ 컨설턴트의 프레젠테이션 자료를 만드는 법 ■

논리 구성을 도해한 것

영업부의 컴퓨터는
D사의 노트북으로

비용　　　서비스　　　사용법

가격 비교

러닝 코스트

서비스 체제

확장성 분석

프레젠테이션 구성에 그대로 적용한다

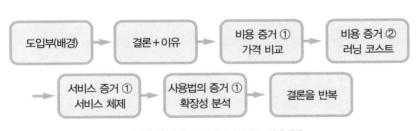

도입부(배경) → 결론+이유 → 비용 증거 ①
가격 비교 → 비용 증거 ②
러닝 코스트

→ 서비스 증거 ①
서비스 체제 → 사용법의 증거 ①
확장성 분석 → 결론을 반복

※ 각각의 사각형은 파워포인트 슬라이드 1장에 해당

원칙 : 프레젠테이션 구성이란 논리 구성 자체다

다. 실은 그것이 핵심이다.

'프레젠테이션 자료 구성은 논리 구성 자체' 라는 것이 대원칙이다.

프레젠테이션 자료의 완성, 미완성, 이해하기 쉬움, 납득성 등을 논한 것은 프레젠테이션 자료를 만드는 단계가 아니라 그 이전의 '논리 구성 도표' 가 견고하게 정리되어 있는지 여부에 따라 결정된다. 탄탄한 논리 구성을 생각해두었다면 프레젠테이션을 실행할 때 아무것도 바꿀 필요가 없다.

반대로 생각해보면 프레젠테이션 자료를 만드는 단계에서 이것저것 여러 가지 구성을 바꿔야 한다면 원래의 논리 자체가 이상해질 가능성이 있는 것이다.

'슬라이드 하나에 메시지 하나'로
강력한 흐름을 만들어라

컨설턴트의 프레젠테이션 자료 만들기에서 또 하나의 원칙은 '원 슬라이드 원 메시지' 다.

이것은 프레젠테이션 슬라이드 한 장에 많은 것을 담아놓은 것에 불과하다. 한 장의 슬라이드에 전달하고자 하는 내용을 하나로 압축하는 기법이다. 이 원칙을 지키면 자료가 심플해질 뿐 아니라 수정하기도 편하다.

프레젠테이션 자료를 만들 때 서비스 정신을 발휘하여 많은 도표나 그림, 숫자 등을 가득 채워 넣게 된다.

수많은 그래프, 수많은 견고딕, 빨간색 문장, 말풍선……. 너저분하여 보기 싫을 뿐 아니라 어디가 중요한 부분인지 알아보기 어렵다.

한 장 한 장의 슬라이드는 심플하게 만드는 게 좋다. 한 장 한 장은 심플하게 만들고 그것을 조합하여 '흐름' 을 만들어 보여주는 것이 전체 볼륨은 좀 늘어나지만 이해하기는 쉽다.

친절한 설명이 프레젠테이션을 망친다

컨설턴트가 사용하는 포맷에 대해 구체적으로 설명해보자.

슬라이드 맨 위에는 '메인 메시지'를 적는다. 전달해야 할 포인트를 하나로 압축해서 정리한다. 이 메인 메시지만 읽으면, 무슨 말을 하고 싶은지 알 수 있게 작성하는 것이 핵심이다.

예를 들어 "영업부에서 상정하는 로스펙~미들스펙 모델에서는 D사의 가격이 유리하다"라는 식으로 말하고 싶은 핵심을 명확하게 밝힌다. D사는 서비스 면에서도 유리하다는 점과 왜 D사로 결정해야 하는지를 구구절절 적고 싶겠지만 삼가는 것이 좋다.

물론 서비스에 대한 설명 슬라이드도 필요하고 이유를 어필하는 슬라이드도 필요하지만 그것은 별도의 슬라이드 한 장으로 작성한다. 이 슬라이드는 어디까지나 'D사가 가격 면에서 유리하다는 점을 납득시킬 증거 자료를 보여주는 것'이 목적이기 때문에 그것에 충실해야 한다.

자료 중앙에는 메인 메시지를 전달하기 위한 차트(데이터나 그래프 등)를 기재한다.

데이터나 그래프가 아닌 표로 작성해도 되고, 도표나 그림, 사진, 인터뷰를 통한 증언, 인터넷 웹페이지 등등 무엇을 실어도 상관없다. 다만 항상 메인 메시지에 대응하여 증거가 될 만한 것을 싣는 것이 원칙이다.

'원 슬라이드 원 메시지'는 수정하기도 쉽다

슬라이드의 목적은 메인 메시지를 이해시키는 데 있다.

메인 메시지와 관계없는 데이터나 그래프, 사진을 싣는 것은 의미가 없

■ 원 슬라이드, 원 메시지의 원칙 ■

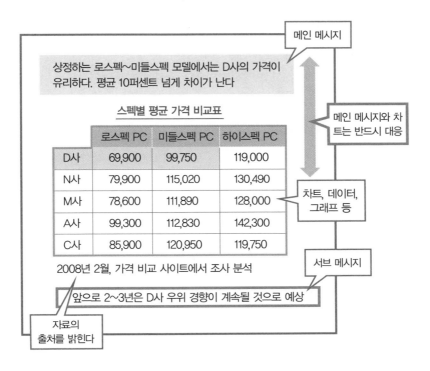

메인 메시지

상정하는 로스펙~미들스펙 모델에서는 D사의 가격이
유리하다. 평균 10퍼센트 넘게 차이가 난다

메인 메시지와 차
트는 반드시 대응

스펙별 평균 가격 비교표

	로스펙 PC	미들스펙 PC	하이스펙 PC
D사	69,900	99,750	119,000
N사	79,900	115,020	130,490
M사	78,600	111,890	128,000
A사	99,300	112,830	142,300
C사	85,900	120,950	119,750

차트, 데이터,
그래프 등

2008년 2월, 가격 비교 사이트에서 조사 분석

서브 메시지

앞으로 2~3년은 D사 우위 경향이 계속될 것으로 예상

자료의
출처를 밝힌다

다. 마음 같아선 이것저것 많이 담고 싶겠지만 간결하게 만드는 것이 중요
하다. 차트도 단순해야 한다.

차트에는 많은 정보가 포함되어 있어 어느 부분에 주목해야 하는지 언
뜻 보고 판단하기 어려운 경우가 있다.

차트는 색깔을 사용하거나 음영을 넣는 식으로 중요한 부분을 강조해
보여줄 필요가 있다.

그래프나 데이터에는 '출처'를 밝혀준다. "출처는? 어디서 들은 얘기

지?"라는 의문을 해소하고 자료의 신뢰성을 높일 수 있다.

가장 하단에는 '서브 메시지'가 들어간다. 이는 보충 사항이나 시사점, 질의와 같은 메시지를 포함시킬 때 사용한다.

메인 메시지, 차트, 서브 메시지의 3단 구성이 기본이다.

원 슬라이드, 원 메시지로 만들 수 있는 프레젠테이션 자료는 다시 만들고 조합하기가 수월하다.

한 장 한 장의 슬라이드가 독립적으로 이뤄졌고, 각각 전달하는 메시지가 명확하고 하나로 압축되어 있기 때문에 사진 슬라이드 쇼를 만드는 감각으로 프레젠테이션 슬라이드 순서를 바꾸거나 첨가하거나 빼는 등의 편집 작업이 가능하다.

과거의 자료를 재사용할 때도 원 슬라이드, 원 메시지로 작성되어 있으면 매우 편리하다.

포인트가 한눈에 보이는
차트 작성법

그래프나 데이터 등을 이용하여 차트를 작성하는 경우가 있다.

차트에는 많은 정보가 들어 있기 때문에 차트의 어느 부분을 주목하면 좋을지, 이 차트는 무엇을 나타내고 있는지를 한눈에 파악하기 어려울 수 있다.

숫자에는 반드시 메시지를 넣어라

예를 들어 숫자로만 나열된 표라면 어느 숫자에 주목해야 할지 좀처럼 알 수 없다. 이 때문에 차트를 알기 쉽게 작성할 필요가 있다.

색을 달리하거나 글씨체를 굵게 하거나 화살표를 넣어 차트에서 주목해야 할 포인트를 한눈에 알 수 있게 만들어야 한다.

다음 도표는 차트 개조의 사례로, 컴퓨터 가격 비교표를 작성한 것이다. 다음 왼쪽 표에서는 D사의 가격이 가장 낮게 표시되어 있다. 해당 부분에

■ 표를 그래프로 바꾸면 훨씬 이해하기 쉽다 ■

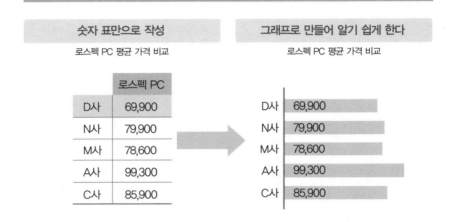

영업부에서 상정하는 <u>로스펙~미들스펙의 모델</u>은
D사의 가격 우위가 현저. <u>평균 10% 이상</u>의 차이가 있음.

숫자 표만으로 작성		그래프로 만들어 알기 쉽게 한다

로스펙 PC 평균 가격 비교

	로스펙 PC
D사	69,900
N사	79,900
M사	78,600
A사	99,300
C사	85,900

로스펙 PC 평균 가격 비교

D사	69,900
N사	79,900
M사	78,600
A사	99,300
C사	85,900

음영을 넣어 강조하고 있다.

　이 정도로도 포인트를 알 수는 있지만 더욱 두드러지게 하기 위해서는
어떻게 하면 좋을까.

그래프로 만들어 알아보기 쉽게 하라

숫자를 나열한 표(위 왼쪽)를 보면 확실히 D사의 컴퓨터가 가장 저렴하다는
것을 알 수 있다. 하지만 어느 정도 저렴한지 얼른 눈에 들어오지 않는다.
이것을 그래프로 보여주면 시각적으로 쉽게 알 수 있다(위 오른쪽 그래프).

　이때 포인트가 되는 부분은 차트를 통해 전달하고자 하는 내용이다. 이

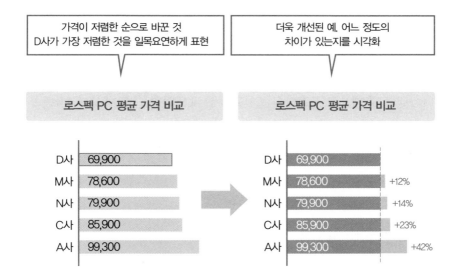

■ 그래프를 배열하여 주장을 '시각화'한다 ■

가격이 저렴한 순으로 바꾼 것
D사가 가장 저렴한 것을 일목요연하게 표현

더욱 개선된 예. 어느 정도의
차이가 있는지를 시각화

로스펙 PC 평균 가격 비교

D사	69,900
M사	78,600
N사	79,900
C사	85,900
A사	99,300

로스펙 PC 평균 가격 비교

D사	69,900	
M사	78,600	+12%
N사	79,900	+14%
C사	85,900	+23%
A사	99,300	+42%

차트에서 말하고자 하는 내용은 "D사의 컴퓨터가 저렴하다. 그것도 10퍼센트 이상 저렴하다"는 것이다. 이 메시지가 명확하게 전달될 수 있도록 차트 만들기에 고심을 해야 한다.

우선 숫자를 막대그래프로 바꾼다. 이것만으로도 한결 이해하기가 쉬워졌지만 아직도 충분하지 않다. D사가 가장 저렴하다는 것을 강조하려면 D사부터 가격이 저렴한 순서대로 그래프를 나열해본다. 이렇게 하면 D사의 컴퓨터가 가장 싸다는 것이 일목요연해진다(위 왼쪽 그래프).

핵심은 디자인이 아니라 메시지

이것으로도 충분하다고 말할 수 없다. 저렴한 것은 알 수 있지만 '어느 정도 저렴한지?'를 한눈에 파악할 수 없다.

저렴한 정도까지도 알 수 있는 차트를 만드는 방법을 연구해보자.

D사 제품의 가격에 비해 타사 제품이 어느 정도 비싼지를 퍼센티지로 나타냈다. 흑백으로 강조하여 포인트를 금세 파악할 수 있게 했다(101쪽 오른쪽 그래프).

주의할 점은 차트의 겉모양이나 장식에 신경 쓰다 보면 본래의 목적에서 벗어날 수 있다는 것이다.

'차트는 주장하고 싶은 메시지를 뒷받침해주는 증거가 될 자료'라는 대원칙을 잊어서는 안 된다.

상황과 목적에 맞는
차트 사용법

일반적으로 사용하는 원그래프나 막대그래프 외에 컨설턴트가 자주 사용하는 효과적인 차트를 소개하겠다.

주장에 맞게 차트의 종류를 바꿔라

'비율의 변화도'는 막대그래프를 사용하지만 막대 높이는 바꾸지 않고 막대의 내역을 바꾼다. 이것은 해마다 변화하는 것을 파악할 때 편리하다. 예를 들어 회사의 직원 채용을 분석하여 "3년 이내에 그만두는 직원이 해마다 늘고 있다"는 등의 메시지를 증명하는 데 편리하다.

'마이너스 차트'는 마이너스가 있는 막대그래프다. 막대그래프라고 해서 플러스 막대만 사용해야 하는 것은 아니다. 특히 마이너스 부분을 강조하고 싶을 때 사용한다. 부문별 이익률 등을 비교하거나 증감 등을 비교할 때 편리하다.

■ 킬러 차트 ① ■

비율의 변화도 / 비교도

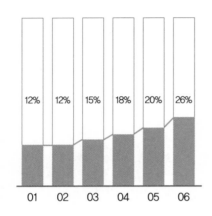

(예)
● '예'라고 대답한 사람의 추이
● 'OO공식'에 따른 시공 비율
● '3년 안에 그만둔 사람' 비율

마이너스가 있는 바 차트

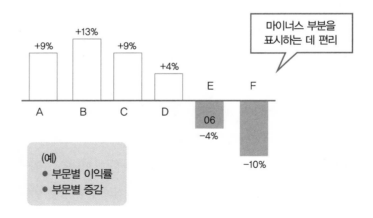

마이너스 부분을
표시하는 데 편리

(예)
● 부문별 이익률
● 부문별 증감

계단형 차트를 효과적으로 사용하는 법

'비교 차트'는 2개의 사항을 몇 가지 포인트로 나눠 비교할 때 편리하다. 회사 간의 비교나 제품 비교 등에 사용하면 이해하기 쉽다.

'막대 차트'는 폭이 있는 것을 나타내는 데 적합하다. 예를 들어 제품 라인업이나 브랜드별 가격대, 할인율 등을 나타낼 때 요긴하다.

'계단형 쌓기 그래프'는 주로 컨설턴트가 사용하는 것으로, 다른 업체에서는 잘 사용하지 않는 것 같지만 알아두면 매우 유용한 그래프다. 변화의 내용과 과정을 명시하고 표현할 수 있다. 이익, 비용 구조를 분해하여 나타내는, 현금흐름의 추이 등을 표현할 때 편리하다.

이 그래프는 플러스뿐만 아니라 마이너스로 쌓아올려도 괜찮다. 계단형 쌓기 그래프 2는 영업 적자를 자산 매각을 통해 메우고 흑자로 돌리겠다는 내용을 표현한 것이다.

■ 킬러 차트 ② ■

비교 차트

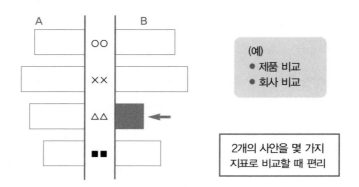

A   B

○○

××

△△

■■

(예)
● 제품 비교
● 회사 비교

2개의 사안을 몇 가지
지표로 비교할 때 편리

막대 차트

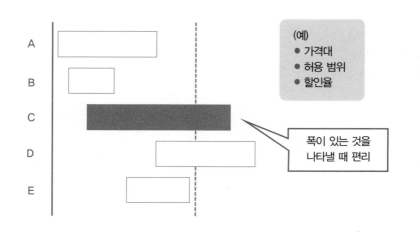

A

B

C

D

E

(예)
● 가격대
● 허용 범위
● 할인율

폭이 있는 것을
나타낼 때 편리

■ **킬러 차트 ③** ■

계단형 쌓기 그래프 1

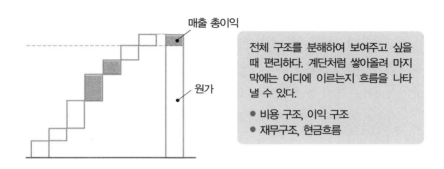

매출 총이익

원가

전체 구조를 분해하여 보여주고 싶을 때 편리하다. 계단처럼 쌓아올려 마지막에는 어디에 이르는지 흐름을 나타낼 수 있다.

● 비용 구조, 이익 구조
● 재무구조, 현금흐름

계단형 쌓기 그래프 2

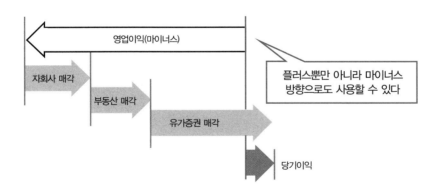

영업이익(마이너스)

자회사 매각

부동산 매각

유가증권 매각

당기이익

플러스뿐만 아니라 마이너스 방향으로도 사용할 수 있다

2부의 핵심 포인트

- 결론, 이유, 증명을 세트로 한 CRF의 원칙을 기억한다.
- 메시지가 없는 '백지 결론'은 아닌지 주의한다.
- 사실과 의견(생각)이 뒤섞이지 않도록 한다.
- 증거가 될 팩트는 숫자로 나타낼 수 있는 정량 데이터나 1차 정보가 강력하다.
- 비즈니스에서는 PREP법, 강연 등에서는 SDS법으로 구별하여 사용한다.
- 프레젠테이션 자료 작성은 사전에 논리 구성을 훈련한다. 차트 만들기도 훈련한다.

3부

논리력을
'훈련하는'
요령

Logical Thinking

30초 이내에 전달하는
엘리베이터 피치

논리적 사고를 높이는 훈련으로 재미있는 것이 있다. 일명 엘리베이터 피치라고 불리는 훈련법이다.

간단히 말하면 전달하고 싶은 내용을 30초 안에 응축하여 상대에게 이야기하는 훈련이다. 불과 30초밖에 안 되기 때문에 장황하게 프레젠테이션을 한다면 절대적으로 시간이 부족하다.

결론부터 간결하게 이야기하고, 논리도 최대한 심플하게 이야기해야 한다.

우연히 만난 투자자를 사로잡는 법

엘리베이터 피치는 실리콘밸리의 기업가와 투자자의 이야기에서 전해지고 있다.

실리콘밸리는 세계적으로 유명한 IT기업의 산실이다. 애플도 구글도 실리콘밸리에서 탄생했다. 실리콘밸리에는 수천 명의 기업가 예비군이 있으며, 여러 가지 비즈니스 플랜이 양산되고 있다.

기업가에게 중요한 것은 유명한 투자자로부터 투자를 받는 일이다. 유명 투자자로부터 자금을 얻을 수 있다면 단번에 회사의 지명도가 올라가고, 동시에 회사 가치도 상승해 성공의 길로 한 걸음 다가서게 된다.

하지만 유명한 투자자일수록 그로부터 투자를 받아내려는 예비 기업가도 많을 수밖에 없다. 하루에 몇 십 건이나 되는 비즈니스 플랜이 접수되는 실정이다. 그중 1,000건에 1건 정도만이 투자가 이루어진다. 99.9퍼센트의 비즈니스 플랜은 쓰레기통으로 직행한다. 이처럼 기회는 아주 드물게 찾아온다.

이런 상황에서 기업가가 엘리베이터 안에서 유명 투자자와 딱 마주쳤다면 어떨까?

혹시 어떤 파티에서 우연한 기회에 비즈니스 플랜을 프레젠테이션할 기회가 찾아온다면……? 그것도 30초 안에 해야 한다면?

당연히 황금 같은 기회를 놓칠 수 없다. 한순간의 기회를 위해 30초라는 시간 안에 자신이 전달하고 싶은 내용을 압축하여 설명하는 것이 엘리베이터 피치의 목적이다.

구체적인 숫자, 손에 잡히는 효과로 설득하라

어떻게 하면 이 엘리베이터 피치를 잘할 수 있을까?

30초라는 짧은 시간 안에 상대의 흥미를 자극하고 마음을 열게 하려면 첫마디부터 소홀히 할 수 없다. 우선 구체적인 결론이나 주장부터 전달하지 않으면 아웃당하기 십상이다.

이를테면 30초간의 프레젠테이션은 전국노래자랑과 같은 것이다. 노래 실력이 신통치 않으면 노래가 끝나지도 않았는데 땡 하는 소리가 울린다.

"굉장한 아이디어가 있습니다."
"경이로운 검색 기술이 떠올랐습니다."

이런 추상적인 표현으로는 거절당할 가능성이 높다.
요령은 구체적인 숫자나 효과를 제시하는 것이다.

"우주여행을 종래의 3분의 1 가격으로 제공할 방법과 기술을 개발했다", "제트기 연비를 20퍼센트 높일 촉매 특허를 따냈다"라는 식으로 구체적으로 제시해야 한다.

그다음에는 언제 실현할 수 있는지, 어떤 기술이 필요한지를 압축해서 설명해야 한다.

30초 안에 끝내는 연습을 하라

여러분도 엘리베이터 피치를 사용하여 전달하고 싶은 내용을 압축하여 정리하는 연습을 해보면 유용하게 사용할 수 있을 것이다.

주제는 무엇이든 상관없다. 현재 하고 있는 일에 대한 것도 좋고, 올 여름 휴가는 어디로 갈지, 자기소개나 자신의 장점이나 홍보 같은 이야기도 괜찮다.

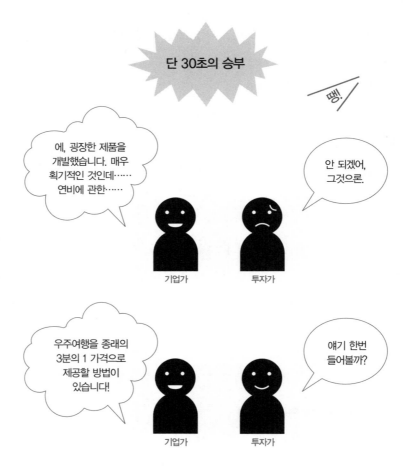

테마를 설정하고 손목시계로 30초를 재보자. 처음에는 어렵게 느껴지지만 시행착오를 겪는 것이 중요하다.

논리적인 사고법을 활용하여 이해하기 쉽고, 흥미를 가질 수 있는 이야

기가 되도록 반복해서 생각해보자. 사고력과 프레젠테이션에 좋은 훈련법
이 될 것이다.

언제 어떤 상황이라도
'이유는 세 가지다'

이해하기 쉬운 커뮤니케이션의 예로 '결론을 간결하게 서술하고 그다음에 이유를 말하는' 방법을 들 수 있다.

이 화법을 익히기 위해서는 '이유는 세 가지'라는 훈련법을 권한다.

3이라는 숫자는 묘한 설득력이 있다

실행 방법은 간단하다.

우선 자신이 가장 말하고 싶은 것, 즉 결론을 이야기한다(연습이기 때문에 종이에 적는 것도 좋은 방법이다). 결론 부분은 무엇이든 상관없다.

결론을 말했다면 그다음엔 '이유는 세 가지'라고 선언한다. 어떤 이유를 붙일 것인지는 아직 정리해두지 않은 단계에서 어쨌든 '이유는 세 가지'라고 먼저 말한다.

실제 이유는 네 가지 또는 여섯 가지일지도 모른다. 그것은 나중에 정리

116

하기로 하고 일단 세 가지로 해둔다.

'이유가 세 가지라는 화법'은 두 가지 이점이 있다.

우선 듣는 사람이 쉽게 이해할 수 있다는 것이다.

두 번째는 상대방의 흥미를 자아낼 수 있다는 것이다. 상대방은 '장황하게 긴 설명을 듣지 않아도 세 가지만 들으면' 된다고 생각하게 된다. 요컨대 심리적인 부담을 주지 않는다.

상대방은 '세 가지만 검토하면 된다니 어디 한번 들어볼까?' 하는 마음이 생기기 때문에 이야기를 듣는 데 의식을 집중하게 된다.

그런데 이유가 6개나 7개가 된다면 어떨까.

"설명이 길어질 것 같은데, 적당히 들어야겠어"라든지, 어찌어찌 듣는다해도 네 번째부터는 귀에 들어오지도 않는다.

반대로 이유가 너무 적어도 내용이 빈약해 보인다. 따라서 세 가지 이유를 대는 것이 많지도 적지도 않고 가장 적당하다.

이유는 무조건 세 가지로 만들어내라

이유가 세 가지 있다고 선언하면 이야기하는 사람도 어떻게든 이유를 3개로 정리하게 된다.

생각나는 대로 이유를 나열하는 것이 아니라 머릿속에서 세 가지 이유를 정리해야 한다는 의식이 생긴다.

별로 중요하지 않은 이유는 없애고 우선순위를 정하는 것이 좋다. 또한 이유를 분류하여 정리할 필요도 있다.

예를 들어 복사기 도입 문제를 생각해보자. "흑백 인쇄만 한다면 한 장에 5엔"과 "대기전력이 다른 곳보다 적다"는 사항은 "러닝 코스트 면에서 타 제품보다 유리하다"는 메시지로 정리할 수 있다.

이처럼 이유를 세 가지로 분류하거나 정리하는 훈련을 해본다.

일단 '이유는 세 가지다'라고 말을 꺼내라

예측하지 못한 반론이나 화제에 대해서도 이 방법을 사용하여 위기를 돌파할 수 있다. 그럴 때 "그 점에 관해서 나는 세 가지 포인트가 있다고 생각한다"라고 반론한다.

물론 그 세 가지가 구체적으로 무엇인지는 아직 생각하지 못했다. 어쨌거나 '세 가지 포인트'라고 말하는 동안 시간을 벌고, 첫 번째 포인트를 생각해낸다. 그리고 첫 번째 포인트에 대해 설명하는 동안 두 번째 포인트와 마지막 포인트를 생각하면서 세 가지가 되도록 이야기를 정리한다.

고도의 테크닉이지만 이런 화법으로 이야기를 풀어가면 세 가지 포인트를 처음부터 준비해둔 것처럼 전달할 수 있다.

기본과 본질로 돌아가면
획기적인 아이디어가 나온다

제로베이스 사고란 지금까지의 연장선에서 생각하는 것이 아니라 '원래 어떤 모습으로 있어야 할지'를 순수하게 생각하는 것이다. 다시 말해 기존의 가치관과 주관적인 잣대로 판단하는 것이 아니라 고정관념에서 벗어나 사물의 본질을 자유롭게 생각하는 사고다.

업무 개혁 등의 경우 "지금까지 이런 방식으로 해왔다"라는 전제에서 개선하려는 경향이 강하다.

지금까지 해왔던 방식은 종종 누군가가 그 방식을 채용했을 뿐이며, 단지 습관적으로 이어져온 형태인 경우가 많다.

획기적 혁신이 어처구니없는 결과를 낳는 이유

어째서 이런 일이 발생할까? 왜 그런 방법을 사용하는 것일까? 이런 근본적인 의문은 도외시하고 과거의 연장선에서 고민하면 절대로 과거의 굴레에서 벗어날 수 없다.

예를 들어 정부의 수속 절차를 살펴보자. 세금 전자 신고 제도가 있다. 용지를 사용하지 않고 전자 신고를 할 수 있도록 하기 위한 정비를 추진하고 있다. 인터넷으로 확정신고를 할 수 있어 확실히 편리해진 점은 있다.

그래서 간편해진 납세 제도를 본보기로 삼아 다른 행정수속도 전자화하려는 노력을 기울이고 있다. 모든 신고서류를 전자 신고로 가능하게 한 것이다. 그런데 그중에는 고작 신고 건수가 수 건밖에 안 되는 부분까지 전자 신고 시스템을 도입함으로써 한 건당 몇 백만 엔의 비용이 드는 경우도 있다. 신청 건수에 비해 시스템 구축 비용이 터무니없이 높은 것이다.

수속의 합리화나 어떤 수속 처리가 편리한지를 고려하지 않고 무조건 전자화한다는 것을 우선시하는 사례다.

모든 것을 포기해야 모두 얻는다

다음의 예를 들어보자.

에베레스트에 도전하여 드디어 정상 100미터 정도를 남겨두고 있다. 여기까지 순조롭게 올라왔기 때문에 좀 더 힘내어 정상에 오르려고 한다. 8,000미터 고지에서는 100미터를 오르는 데 몇 시간이나 걸리기도 한다. 최악의 경우 조난을 당하는 일도 있다.

정상을 눈앞에 둔 시점에서 그동안 올라온 것은 떨쳐버리고 앞으로 정상까지 걸리는 시간이나 남아 있는 산소나 체력을 재평가한다면 하산하는 것이 최선이라는 답이 나올지도 모른다.

개혁이나 새로운 것은 종래의 연장선이나 개선만으로 이루어지지 않는

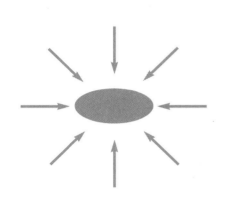

제로베이스 사고	현상 개선 사고
● 전제나 굴레를 떨쳐버리고 백지 상태로 생각한다 ● '원래 어떻게 있어야 할지'의 본질을 파악하는 것부터 시작한다	● 현상의 연장이라는 답밖에 없다 ● 최초의 방향성에 문제가 있으면 그 연장에도 문제가 발생한다

다. 사물의 본질을 논리적인 사고로 재파악하고, 과거의 굴레나 기존 개념에 얽매이지 않고 본연의 자세를 생각할 필요가 있다. 과거의 경위나 전제사항을 백지 상태로 돌리고 처음부터 다시 생각하는 것이 제로베이스 사고다.

"재고가 문제라면 재고를 없애버리자!"

델 컴퓨터는 저가의 PC 제품을 출시하여 단기간에 세계적인 기업이 되었다.

PC는 기술 혁신이 특히 빠른 분야다. 그래서 제품으로 조립되어 점포에서 재고로 갖고 있는 동안에도 신제품이 쏟아져 나와 몇 개월 만에 중고가 돼버리기 일쑤다. 판매가 원활하지 않으면 그대로 재고가 쌓이게 된다. 그렇다고 무조건 저가로 내놓고 팔 수도 없다.

이런 상황에서 창업자 마이클 델은 발상을 전환했다.

"재고가 문제라면 재고를 완전히 없애면 되지 않을까?"

제로베이스로 문제점을 파악한 발상이다. 재고를 떠안지 말고, 주문을 받은 다음 조립하면 된다는 사고다. 그 대신 주문을 받으면 그날 안에 부품을 조달하여 조립하고, 다음 날 즉시 발송할 수 있는 시스템을 만들었다.

당연히 판매 방식은 직판으로 이루어졌고, 인터넷에서 고객이 직접 주문하는 방식을 기본으로 채택했다. 그 결과 생산 비용을 줄이고 저렴한 가격으로 제품을 제공할 수 있게 된 것이다.

더욱이 컴퓨터를 나중에 조립하기 때문에 CPU나 하드디스크 용량이나 각종 부속품을 포함하여 고객의 요구 사항에 맞춘 제품을 제공할 수 있었다. 이것이 단기간에 경쟁사를 제치고 세계의 유수한 PC 회사로 성장할 수 있었던 비결이다.

이발소의 본질은 머리를 잘 자르는 것

또 다른 사례를 들어보자. 1,000엔 컷으로 유명한 QB하우스의 이야기다.

기존의 미용실에서는 샴푸에서 시작해 어깨를 주물러주거나, 이발소에서는 면도를 해주는 등 풀 서비스를 시행해왔다. 가격대는 4,000~6,000엔이며, 서비스가 충실하다는 점에서 좋은 점수를 받고 있었다.

이런 상황에서 QB하우스는 샴푸, 마사지 등의 서비스를 없애는 대신 커트 비용을 1,000엔으로 낮추었다.

QB하우스의 목표는 단지 가격이 싼 이발소가 아니었다. 서비스 가격을 낮춘 것이 아니라 '이발소는 머리를 자르는 곳'이라는 본질적인 용도에 초점을 맞춘 것이다. 실제로 풀 서비스를 제공하는 미용실에서도 머리를 자르는 데 걸리는 시간은 고작 10분에서 15분 정도다. 그 밖의 다른 서비스를 제공하는 데 오히려 더 많은 시간이 걸리는 것이다.

따라서 커트에만 초점을 맞춤으로써 10분 안에 커트하고 1,000엔이라는 가격을 실현할 수 있었다.

단순히 인건비를 낮춘 미용실의 사례는 그전에도 쉽게 볼 수 있었다. 그러나 커트에만 초점을 맞춰 1,000엔이라는 명쾌하고 단순한 생각을 이끌어낸 것은 제로베이스 사고다. 점포 역시 패스트푸드와 같은 발상으로 대형 슈퍼마켓이나 역 안에 자리 잡고 있다.

제로베이스 사고는 단순한 아이디어의 승부와는 다르다.

QB하우스의 사례로 말하자면 보통 한 시간이나 걸리는 긴 프로세스 속에서 커트에 소요되는 시간은 10분이면 충분하다고 파악한 점이 포인트다.

As is TO be 사고로
발상의 한계를 넘어라

현재의 상황을 개선하고 싶다면 As is To be 사고를 통해 자유롭게 발상할 수 있다.

As is는 '현상' , To be는 '당연한 자세' 를 말한다.

As is To be 사고에서는 우선 To be에서 생각해야 한다. 현상에서 출발하여 어디를 어떻게 개선할지를 생각하는 것이 아니라 본래 마땅히 있어야 할 자세를 그리는 일부터 시작한다.

전제를 일단 백지로 돌리고, 당연히 있어야 할 모습을 그리는 것은 제로베이스 사고를 사용한다.

당연히 있어야 할 모습을 그린 다음 비로소 현상 분석에 들어간다. 당연히 있어야 할 모습과 비교하여 그 간극을 파악하는 것이다. 현상(현재 모습)과 있어야 할 모습의 간극을 파악하여 그것을 어떻게 줄여나갈지를 혁신 플랜으로서 좁혀나간다.

현실과 타협하지 말고 대담하게 상상하라

여기서 To be(있어야 할 모습)는 기업 비전과는 다르다.

"5년 이내에 도쿄증권 1부의 상장을 목표로 한다", "기술을 통해 모두가 활기 넘치는 사회를 실현한다"는 식이 되어서는 안 된다.

여기서 To Be는 구체적인 모습이어야 한다.

예를 들어 '영업부에 문의를 해도, 고객 센터에 문의를 해도, 웹에서 검색했을 때도 같은 정보를 얻을 수 있는 고객 서비스'라는 마땅히 있어야 할 모습이다.

현재 상황에서 고려해볼 때 리소스 부족이나 조직의 굴레 등을 이유로 근본적인 문제점을 개선하지 못하고 현상 유지로 끝나버리는 경우가 있다.

To be를 그려보고, 그 간극을 메우기 위해 어떻게 하면 좋을지에 모두가 지혜를 쏟는 편이 창조적인 논의가 될 것이다.

만일 시스템 등의 문제로 내부에서 해결하기 어렵다면 아웃소싱을 하는 방법도 생각할 수 있다. 제품 기술이 충분하지 않다면 다른 회사와 제휴하는 방법도 있다. 또는 과감히 회사를 M&A하여 부족한 능력을 보충하는 방법도 있다.

이와 같은 과감한 수단은 현상 개선의 연장에서는 나오지 않는 아이디어다. 먼저 To be를 그리고, 그 갭을 메우는 수단을 생각해낼 때 비약적인 발전을 거두게 된다.

▪ As is To be 사고 ▪

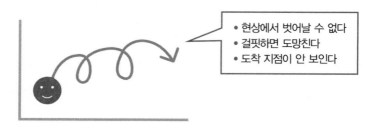

현재 상태에서의 당연한 사고법(As is로부터의 발상)

- 현상에서 벗어날 수 없다
- 걸핏하면 도망친다
- 도착 지점이 안 보인다

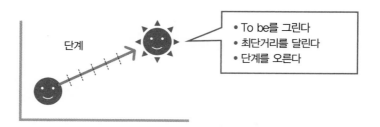

To be로부터의 발상

단계

- To be를 그린다
- 최단거리를 달린다
- 단계를 오른다

To be 사고의 스텝

제로베이스로, 당연히 있어야 할 모습 To be를 그린다

⬇

As is(현상)를 분석하고 간극을 명확히 파악한다

⬇

어떻게 하면 간극을 좁힐 수 있을지를 생각한다

⬇

To be에 접근하기 위한 단계를 나누고, 실현 가능한 계획을 세운다

이상과 현실의 간극을 메우는 '현실적 계획'을 세워라

As is To be의 사고는 비즈니스 이외의 상황에서도 응용할 수 있다.

예를 들면 자신의 미래상이나 업무에 있어서 미래에 이루고 싶은 것 등 개혁이나 변혁을 필요로 하는 테마라면 이 사고법을 적용할 수 있다.

자신의 커리어 플랜을 to be를 사용하여 그리는 예를 들어보겠다.

자신이 성공한 모습 또는 되고 싶은 모습을 마음속으로 그려본다.

목표 지점에 도달한 자신의 모습을 상상해본다.

'자산과 수입은 어느 정도일지', '어디에 살고 있을지', '무슨 일을 하고 있을지', '어떤 사람들에게 둘러싸여 있을지', '그때가 몇 살쯤일지'를 머릿속으로 그려보는 것이다.

단순히 하고 싶은 일이 아니라 생활이나 주변 사람의 모습까지 구체적으로 상상하는 것이 좋다. 이것이 커리어 목표, 즉 To be다.

예를 들어보자.

'장래에 대학교수로서 여생을 보내고 싶다. 비즈니스 스쿨 교수가 좋을까. 연구를 하면서 학생들을 가르치고, TV 등에 출연하여 강의를 하고 싶다. 수입은 반드시 많을 필요는 없지만 좋아하는 연구를 하면서 살고 싶다.' 이런 플랜이 있다고 하자.

다음은 간극을 메우는 방법을 생각한다. 간극을 메우는 플랜은 현실적이어야 한다. "복권에 당첨되어 큰 부자가 되면……?" 이런 것은 현실적인 플랜이 될 수 없다.

자신이 존경하는 대학교수가 있다면 그 사람의 커리어를 연구하는 것이 간극을 메우는 데 도움이 될지도 모른다.

어떤 교수는 대기업 임원으로 있다가 퇴직하여 명예직으로 교수에 취임했을지도 모른다. 젊은 시절에 교수가 되고 싶다면 그를 모델로 삼아서는 안 된다.

또 다른 교수는 컨설팅 회사에서 일하다가 40대에 대학교수로 전직했을지도 모른다. 나에게는 이 방법이 이상적일지도 모른다. 그렇다면 이번에는 컨설팅 회사로 전직할 필요가 있다. 컨설팅 회사에 전직할 수 있는 조건은 무엇일까?

대학교수라는 목표를 응시하고 어떤 과정을 밟아야 목표를 달성할 수 있을지를 '역산' 해본다. 그리고 자신이 현재 가지고 있는 커리어 지점을 고려하여 어떻게 단계를 올라갈지를 검토한다.

현상의 커리어 연장이 To be로 연결되지 않으면 근본적인 지점에서 차이가 생길 수 있다. 컨설팅 회사로 전직할 수 있는 수단이 없다면 과감한 '개혁 플랜' 이 필요하다는 결론에 이를지도 모른다. 새로운 각오를 다지고 열심히 공부해서 미국 최고의 MBA 과정에 도전하는 것이다.

장기 커리어에 관한 이야기를 했지만 2년 후, 3년 후를 목표를 하는 경우에도 상관없다. 새로운 가정 환경 조성이나 다이어트 등에도 To be에서부터 생각하는 기법이 유효하다.

문제 해결을 방해하는
세 가지 함정

문제 해결이 잘되지 않는다면 문제를 해결하기 위한 단계가 잘못됐기 때문인 경우가 많다.

문제에 접근할 때 논리 사고를 이용하지 않기 때문에 수단이 적절하지 않거나 모처럼 시간과 돈을 들였는데도 효과를 보지 못하는 것이다.

공허하기만 한 '앵무새 해결책'

사소한 예를 들어보자.

당신이 어느 지방의 비즈니스 호텔 경영자라고 하자.

최근 공실이 눈에 띄게 늘어나 어려움을 겪고 있다. 어떻게 할 것인가?

문제 해결을 잘 못하는 사람의 사고 패턴은 대개 세 가지 함정에 빠지고 만다.

첫 번째는 문제를 파악하는 방법이 잘못되었다는 것이다.

'공실이 늘어난 이유는 무엇일까?'를 생각해보지 않고 바로 해결책을 찾아보는 사고다. '공실이 늘어난 데 대한' 해결책으로 "공실을 채우기 위해 노력하라"는 말만 앵무새처럼 반복하기 때문에 앵무새 해결책이라고 부른다. 이 해결책은 슬로건에 지나지 않는 것으로, 아무것도 해결해주지 못한다.

이 세상에는 슬로건 같은 해결책이 너무나 많다.

"영업력을 강화하자."

"A제품의 시장점유율을 높이기 위해 최선을 다하라."

강화하고 노력하자는 말만 있을 뿐 구체적인 행동을 제시하지 않는다. 리더가 이런 식으로 나오면 부하직원은 구체적으로 뭘 해야 좋을지 몰라 허둥대게 된다. 동기 부여가 전혀 안 되는 것이다.

반사적으로 튀어 나오는 '즉흥적 발상'

두 번째, '즉흥적 발상'이라는 함정이다.

"공실을 메우기 위해 노력하라"는 지시에 대해 "그렇다면 가격을 내려보자", "광고를 더 많이 하자", "서비스의 질을 높이자. 예를 들면 조식 무료 제공은 어떨까?" 등 떠오르는 대로 아이디어를 쏟아낸다. 모두 나름대로 어느 정도 효과가 있을 것 같긴 한데 근본적인 해결책이 될지는 미지수다. 해결책의 방향성이 애매하기 때문에 적절한 방책이 아닌 단순히 떠오르는 생각만 난무하게 된다.

뭐든 다 해보자는 '우선순위 결여'

마지막으로 '우선순위의 결여'라는 함정이다. 해결책에 우선순위를 매기지 않고 "이것저것 모두 실행해보자"는 정신론이 되기 쉽다. 반대 패턴으로 해결책을 우선 실행해보고 잘 안 된다면 다음 과제를 실행한다. 그것도 잘 안 된다면 그다음 방법을 써보자는 사고다.

이 세 가지 사고에 빠져 있다면 결코 문제가 해결되지 않는다.

문제 해결을 논리적으로 실행하는 방법을 훈련하는 것이 중요하다. 논리적으로 문제에 접근함으로써 세 가지 함정에 빠지지 않고, 모두가 납득할 만한 방향성을 명확히 내세울 수 있다.

문제의 본질을
파헤치는 방법

앞의 예에서 "공실이 눈에 띄게 늘어났다"는 문제에 대해 "공실을 메우기
위해 노력하라"는 해결책이 난센스라고 말했다.

실제로 효과가 있는 해결책을 생각하려면 문제의 진짜 원인이 어디에
있는지를 심사숙고할 필요가 있다.

한 장 한 장 벗겨가라

'호텔의 공실이 늘어난 이유'는 무엇일까?

문제의 본질을 논리적인 사고로 생각해본다.

다른 호텔에 손님을 빼앗긴 것이 진짜 이유라면 호텔 간의 경쟁 문제이
기 때문에 해결책은 '다른 호텔보다 매력적인 무언가를 제공하는 것'이
된다.

아니면 다른 호텔들이 가격이 저렴하거나 서비스가 더 좋아서일지도 모

른다.

그러나 문제의 본질이 다른 사안에 있다면 결론은 달라진다.

"불경기로 인해 회사마다 경비 절감 차원에서 그전과는 달리 당일 출장 제도로 바뀌고 있다. 따라서 숙박하는 비즈니스 고객이 줄어들고 있다."

이것이 본질적인 문제라면 어떻게 해야 할까?

한마디로 전제가 달라진 것이다. 호텔끼리의 경쟁 차원이 아니라 숙박 고객 전체가 줄어들고 있는 것이다.

이렇게 되면 해결책으로 '비즈니스 고객 이외의 요소를 개척' 해야 할지도 모른다. 혹은 '객실을 수요에 맞춰 줄이고 수익성을 확보' 해야 할지도 모른다.

후자의 전략은 상당히 과감한 것이지만 문제의 본질이 올바르다면 충분히 가능한 결론이다.

리스트럭처링을 하여 수익성을 높이고 체력을 정비하여 다음 기회를 기다리는 것은 많은 기업들이 채택해온 전략이다. 하지만 이 경우에는 문제의 본질을 심도 있게 파고들지 않았다면 리스트럭처링이라는 최종적인 방안이 나올 수 없었을 것이다.

근본적인 문제를 탐색하라

또 다른 예를 들어보자.

어떤 기업에서 시장점유율 하락이라는 문제가 발생했다.

이 문제를 어떻게 해결해야 할까.

물론 '모두 하나가 되어 시장점유율을 만회' 해야 한다는 해결책으로는 곤란하다.

효과적인 해결책을 이끌어내기 위해서는 왜 시장점유율이 떨어지고 있는지 파악해야 한다. 시장점유율이 떨어지고 있는 것은 눈에 보이는 표면적인 현상이다. 그 이면에는 근본적인 문제가 숨어 있을지도 모른다.

문제 해결의 핵심은 논리적인 사고를 이용하여 문제의 본질적인 원인을 밝혀내는 것이다. 그러기 위해서는 가설을 세우고 데이터로 검증하여, 어디에 본질적인 문제가 있는지를 분석해야 한다.

'시장점유율이 떨어지고 있는' 것에 대해 영업사원의 활동을 분석한 결과 "영업사원 각자가 뿔뿔이 흩어져 움직이고 있고, 타깃팅이 명확하지 않다"는 것이 문제점으로 드러났다고 하자. 핵심은 시장점유율을 높여줄 만한 고객을 방문하지 않는다는 점이다.

이 문제에 대한 대책은 "타깃 고객을 더욱 공략하라"는 것이다. 문제 해결책이 훨씬 구체적이 되었다.

본질을 건드려야 모두가 행복해진다

또한 현재의 타깃 고객이 방문하지 않는 이유를 분석해본다.

그러면 타깃팅 방법은 알고 있지만 시장 데이터가 도움이 되지 않아 적절한 타깃팅이 이루어지지 않았다는 사실을 알 수 있다.

이에 대한 해결책은 "정확한 시장 데이터를 정비하라"는 것이다.

이 문제를 더 깊이 파헤쳐보면 시장조사 회사로부터 받은 데이터와, 자사의 시스템에서 활용하는 지역 또는 상품 코드가 달라서 적절한 자료를 얻을 수 없었다는 사실이 나온다. 여기까지 알 수 있었다면 해결책은 완전히 달라진다.

"코드 변환을 할 수 있는 시스템을 개발하여 영업부가 적절한 타깃팅을 실행할 수 있는 시스템과 프로세스를 정리한다."

이것이 효과적인 해결책이다.

실은 영업부 개개인의 능력에 문제가 있는 것이 아니라 시스템 면에서의 정비 불량이 영업력을 떨어뜨린 원인이었던 것이다.

이렇게 문제를 깊이 분석하다 보면 문제의 본질을 파악할 수 있게 된다.

문제의 본질을 파고들지 않으면 많은 사람들이 불행해진다.

무엇이 문제인지 정확히 알 수 없는 상황이 지속될 경우 비난의 화살은 영업부 개개인에게 향할 수밖에 없다. 그들의 능력을 의심하게 되고 문제 해결이 개인 공격의 성격을 띠면서 문제는 더욱 왜곡되고 심각해진다.

"시장점유율이 떨어지고 있다"는 문제에 대해 "모두 하나가 되어 시장점유율을 만회해야 한다"는 해결책으로는 곤란하다.

왜 시장점유율이 떨어지고 있는지를 심도 있게 분석해야 한다. 시장점유율의 저하는 눈에 보이는 표면적인 현상일 뿐이다. 그 이면에는 근본적인 문제가 숨어 있다.

■ 문제의 본질을 파헤치는 것이 중요 ■

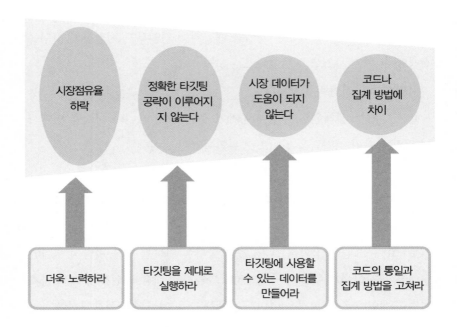

시장 데이터를 제공하고 있는 IT시스템이 문제라는 결론에 도달했다

해결책을 찾아가는
'이슈트리' 훈련법

문제의 본질을 파고들 때에는 원인이 되는 가설을 트리(나무) 위에 구성한 이슈트리를 사용하면 편리하다.

이 방법은 예측되는 원인을 논리적으로 빠짐없이 파악하기 위해 트리 구성으로 알기 쉽게 나타낸 것이다. 이 트리가 조사나 분석을 할 때의 가설이 된다.

어떤 문제를 해결할 때는 이 트리를 만드는 일부터 시작하면 좋다.

큰 문제는 작게 쪼개라

예를 들어 "이익을 높이려면 어떻게 해야 할까?"라는 문제가 있다.

이 과제는 너무 방대하고 막연하다. 이때 이슈트리를 사용하여 분석한다.

이익을 높이려면 매출을 늘리거나 비용을 줄이거나 어느 한쪽을 선택해

■ 이슈트리 ■

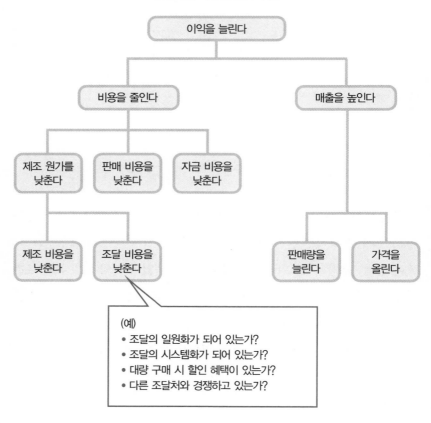

큰 문제를 작은 문제로 쪼갠다

이익을 늘린다

비용을 줄인다

매출을 높인다

제조 원가를 낮춘다

판매 비용을 낮춘다

자금 비용을 낮춘다

제조 비용을 낮춘다

조달 비용을 낮춘다

판매량을 늘린다

가격을 올린다

(예)
• 조달의 일원화가 되어 있는가?
• 조달의 시스템화가 되어 있는가?
• 대량 구매 시 할인 혜택이 있는가?
• 다른 조달처와 경쟁하고 있는가?

야 한다. 비용을 줄이려면……, 그리고 다음은 문제를 분해해본다. 이때 각각의 단계에서 누락 사항이 없도록 MECE(143쪽)를 의식한다.

줄기와 가지를 구별하라

이것은 조사나 분석을 실행하기 위한 가설에 사용할 수 있다. 가격을 올릴 수 있을까? 조달 비용을 내릴 수 있을까? 각각 가설을 형성하고 있기 때문에 각각의 내용에 구체적인 검토를 첨가할 수 있다.

구체적으로 검토한 결과 조달 비용을 내리는 것이 이익을 높이는 가장 좋은 방법임을 알 수 있었다.

여기까지 분석할 수 있다면 그다음은 조달 비용을 낮추기 위한 방책을 검토해본다. 조달의 일원화를 실현할 수 있을까? 조달을 시스템화하여 비용을 낮출 수 없을까? 복수의 조달처를 만들어 경쟁시킬 수는 없을까?

각각의 해결책에 대한 비용 대비 효과를 검토하여 우선순위를 정한다.

어린아이 같은
호기심이 문제를 해결한다

문제 해결은 네 가지 단계로 파악할 수 있다.

문제 해결의 네 단계

첫 단계는 '문제를 명확하게 파악하는 것' 이다. 현상을 파악하고 올바른 질문을 세울 필요가 있다. '무엇이 문제인지' 로 돌아가 애초의 질문이 적절한지 생각해본다.

예컨대 '영업력의 저하' 라고 했는데, 어떤 근거로 '저하' 라는 표현을 사용했는지 알 수 없다. 매출 금액인지, 이익률인지, 시장점유율인지, 아니면 제품력을 포함한 이야기인지 파악하기 어렵다. 영업력 저하를 어떻게 파악하느냐에 따라 문제 해결의 방향도 달라진다. 단순히 '영업력을 강화하는 것' 만으로는 의미가 없다.

최초의 질문을 명확하게 할 필요가 있다. 그래야 문제를 제대로 파악할 수 있다.

다음 단계는 '문제의 근본 원인을 탐색하는 것'이다. 이 점이 논리적인 문제 해결 중에서 가장 중요하다. 이슈트리 등을 사용하여 큰 문제와 작은 문제로 브레이크다운한다. 그러기 위해서는 '왜 그럴까?'를 생각해본다. '왜?'를 계속 반복하여 문제의 원인을 구조화해간다. 그것을 작업 가설로 세워 문제의 근본 원인이 무엇인지를 조사하고 분석하여 밝혀낸다.

가장 간단한 것은 비용×효과×기간

근본 원인을 규정했다면 '방책을 생각하는' 단계로 돌입한다. 브레인스토밍 등으로 여러 가지 아이디어를 내서 검토하는 것이 가장 좋다.

마지막으로 실행 플랜을 작성한다. 모든 방안을 동시에 실행하는 것은 예산이나 스케줄 면에서도 무리가 있다. 방안에는 우선순위를 매길 필요가 있다.

가장 간단한 평가 방법은 각각의 방안을 비용×효과×기간의 세 가지 측면에서 평가하는 것이다. 비용을 들이지 않고 곧바로 효과를 볼 수 있는 방안을 우선 실행하고, 효과는 높지만 시간이 걸리는 방안에 착수하여 전체적인 플랜을 작성한다.

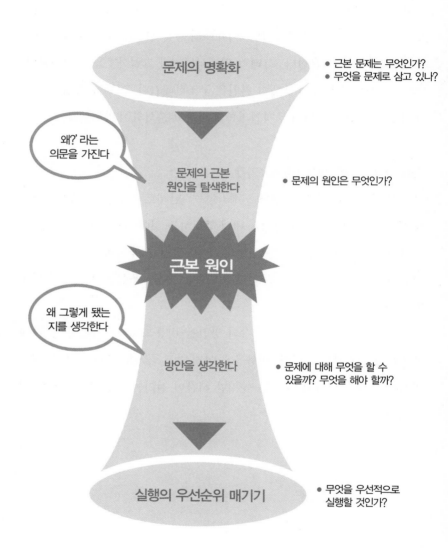

■ 논리적인 문제 해결의 네 단계 ■

MECE로 누락과
중복을 방지하라

사물의 전체상을 파악하는 사고법으로 MECE가 있다.

MECE란 Mutually Exclusive Correctly Exhaustive의 약자다. '누락과 중복이 없다'는 뜻이다.

MECE를 활용하면 전체상을 제대로 파악할 수 있다.

'20대, 사무직, 여성'이라는 구별은 쓸모가 없다

예를 들어 '휴대전화의 판매 강화'를 주제로 논의를 하고 있다.

어느 고객층에 대해 어떤 판촉이 효과적일까?

MECE에 의한 누락과 중복을 인식하지 못할 경우 생각나는 대로 타깃을 정하게 된다. 휴대전화 판매에 대해 '20대의 젊은 층, OL(사무직 여성), 프리랜서, 여성, 네 가지로 분류하여 생각'하는 조합이다.

그런데 20대에는 OL, 프리랜서, 여성도 포함된다(중복). 또한 30대 프리

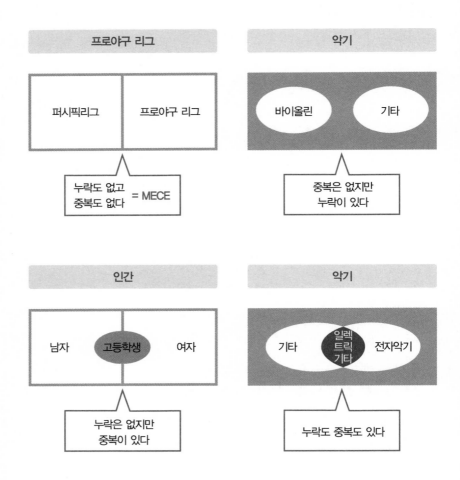

■ MECE ■

프로야구 리그

| 퍼시픽리그 | 프로야구 리그 |

누락도 없고
중복도 없다 = MECE

악기

바이올린   기타

중복은 없지만
누락이 있다

인간

남자 고등학생 여자

누락은 없지만
중복이 있다

악기

기타 일렉트릭기타 전자악기

누락도 중복도 있다

랜서도 있다.

단면이 분해되어 있어(연령의 축, 직업의 축, 성별의 축) 서로 중복된다(145 쪽 그림). 만일 이런 분류로 판매 전략을 구상한다면 이야기의 정합성을 찾

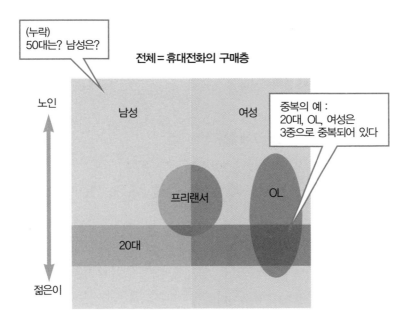

■ MECE 사고법으로 할 수 없는 예 ■

(누락)
50대는? 남성은?

전체 = 휴대전화의 구매층

노인

남성

여성

중복의 예 :
20대, OL, 여성은
3중으로 중복되어 있다

프리랜서

OL

20대

젊은이

기 어려울 것이다.

20대, OL, 여성으로 중복된 부분에 대해 같은 안내를 보내는 등 효율적이지 못한 방법이 된다.

누락을 인식한다

한편 누락 문제는 어떻게 해야 할까?

휴대전화의 고객층에는 '남성'도 있을 것이다. OL이 아닌 여성도 있을 것이며, 50대 또는 60대의 실버 시장도 놓칠 수 없는 시장이다.

누락을 인식하지 못하면 올바른 시장의 전체상을 파악할 수 없다. 물론 전체상을 파악한 다음 50대 시장에까지 힘을 쏟을 여력이 없다는 결론에 이르는 것은 상관없다.

처음부터 50대를 누락시키고 생각하는 것과 전체를 파악한 다음에 결론에 이르는 것은 확연히 다르다.

핵심은 전체를 보고 올바르게 분류하는 것

여기서는 마케팅의 예를 들었지만 MECE는 마케팅 도구는 아니다.

MECE의 본질은 '전체를 파악하여 그것을 몇 개로 올바르게 분류하는 것'이다.

이슈트리 등에서 큰 문제를 작은 문제로 나누거나, 결론을 뒷받침할 만한 주요한 이유로 분류하거나, 트리 형태로 구성된 논리를 만들 때는 MECE 사고법이 반드시 요구된다.

MECE로 생각하는
실천 마케팅 전략

MECE 등의 전체상을 파악하는 기법을 사용하면 고객이나 시장을 일정 단면으로 분류하고 그룹으로 나눌 수 있다. 그것을 마케팅 용어로 세그먼테이션(segmentation)이라 한다.

분류한 다음에는 우선순위를 정하라

우선 어떤 고객층(세그먼트)을 대상으로 해야 할까? 앞에서 말했듯이 우선순위를 매기고, 어느 고객층에 어떤 메시지를 전달해야 할지가 마케팅 전략을 세울 때 기초적인 프레임워크가 된다.

각각의 세그먼트는 MECE(누락과 중복이 없다)로 작성해야 하는데 단순히 연령이나 지역별로 분류하는 경우가 많다. 이래서는 MECE를 기초로 그룹을 나눠봐야 아무 의미가 없다. 그룹으로 나누는 이유는 무엇일까?

각각의 그룹이 가지고 있는 니즈나 구매 결정 요인 등을 분석함으로써

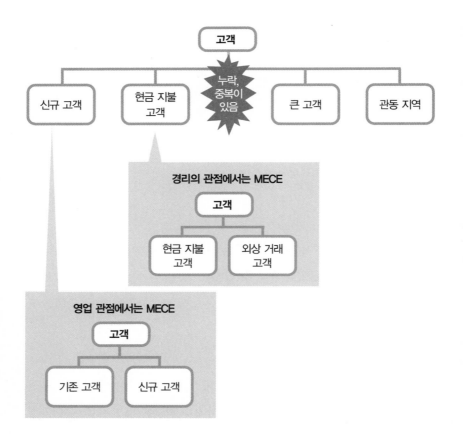

■ 관점이 다른 것을 같은 예로 나열하면 누락이나 중복이 발생한다 ■

그룹별로 상품을 배열하거나 광고 메시지를 달리하는 등 판매 전략의 기
초로 삼는 것이 본래의 사고법이다.

의미 있는 기준에 따라 분류하라

만일 연령이나 지역을 축으로 분류했다면 연령이나 지역이 고객이나 시장의 특징을 잘 나타내고 있는 것이 아니라면 의미가 없다. 예를 들어 '여행 상품'은 연령이나 지역을 불문하고 이용할 수 있는 상품인데, 이것을 연령이나 지역별로 구분해봐야 유용한 전략으로 연결되지 않는다.

여행 상품은 '여행 스타일'에 따라 그 종류와 타깃이 달라진다.

예를 들면 한곳에 머물면서 여유로운 시간을 보내고 싶은 '리조트파', 세계문화유산 등의 명소를 둘러보고 싶은 '관광파', 다소 비싸더라도 유명한 식당엔 꼭 가봐야 하는 '럭셔리파', 가능한 한 싸게 여행하고 싶은 '배낭족' 등 취향에 따른 분류라면 의미가 있다.

이것을 '리조트, 관광축', '고급, 저렴축'으로 맵핑하면 의미 있는 그룹으로 세그먼트할 수 있다.

반대로 생명보험과 같은 상품이라면 연령이 가장 중요한 요소다. 따라서 연령별로 나누는 것은 의미가 있다.

이처럼 의미 있는 단면으로 고객이나 시장을 그룹으로 나누는 것이 마케팅 전략의 입안에서는 중요한 사항이다.

■ 여행 상품의 마케팅 ■

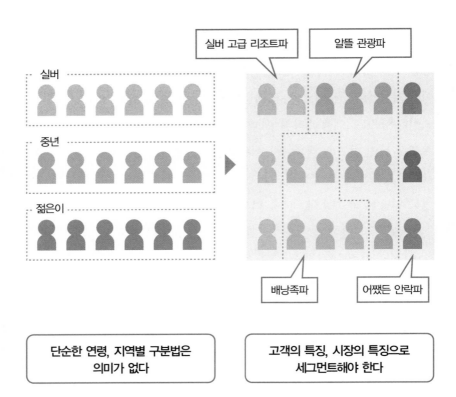

단순한 연령, 지역별 구분법은
의미가 없다

고객의 특징, 시장의 특징으로
세그먼트해야 한다

3부의 핵심 포인트

- 언제 어떤 상황에서도 '이유는 세 가지다' 라고 말하는 습관을 들인다.
- 통상적인 예나 관습을 파괴한 '제로베이스 사고' 가 훌륭한 아이디어를 만들어낸다.
- '본연의 모습' 에 '현상' 을 접근시켜보면 자유롭게 발상할 수 있다.
- '그저 노력하고, 즉흥적으로 생각하고, 닥치는 대로' 행동해서는 불행한 결과를 낳는다.
- 큰 문제는 원인을 세분화하여 해결하는 '이슈트리' 를 사용한다.
- 사물의 전체상을 파악할 때는 MECE를 사용하여 누락이나 중복이 없도록 한다.

4부

논리적 사고를
'실천하는'
요령

Logical Thinking

파워포인트가
논리적 사고를 강화한다

비즈니스 문서를 작성할 때 어떤 소프트웨어를 사용하고 있는가?

아마도 워드 등의 문서 소프트웨어를 사용하는 사람이 많을 것이다. 나를 포함한 컨설턴트는 워드를 사용할 일이 거의 없다. 그렇다면 어떤 문서 양식을 사용하고 있을까?

바로 파워포인트(Microsoft Power Point)다.

파워포인트는 프레젠테이션 자료를 만들 때만 사용하는 소프트웨어라고 생각하는 사람도 많을 것이다. 실은 대부분의 컨설턴트들이 모든 문서 작성에 파워포인트를 이용하고 있다. 어째서 파워포인트를 사용하는 것일까?

파워포인트는 기본적으로 '프레젠테이션 소프트웨어'다. 프로젝터(영사기)로 투영하여 프레젠테이션에 사용하는 소프트웨어다. 파워포인트로 만든 자료는 한 장 한 장이 독립적이고, 그것들이 수십 장 모여 슬라이드 형식을 이룬다. 바로 이 슬라이드 형식이 논리적인 사고를 할 때 매우 편리

■ 논리적 사고와 친화성이 높은 파워포인트 ■

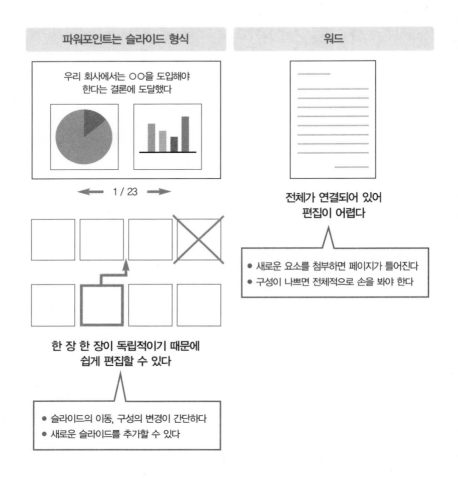

한 도구가 된다.

　한 장 한 장이 독립적이기 때문에 구성안을 다듬기 위해 간단하게 순서를 바꿔 넣을 수 있다. 설명이 불충분하다고 생각되면 새로운 슬라이드를 쉽게 추가할 수 있다. 반대로 쓸데없는 내용은 슬라이드를 없애거나 자료 맨 뒷부분으로 보내 첨부 자료로 취급할 수 있다.

또한 슬라이드 형식은 피라미드 구조나 귀납법과 같은 논리적인 사고의 툴과 친화성이 매우 높다.

생각을 과감하게 편집할 수 있다

컨설턴트는 단시간에 자료를 완성해야 할 때가 많다. '사내 토의 자료', '부문 회의 자료', '임원 보고용', '납품용' 등의 구성으로 상대에게 맞는 자료를 편집하고 몇 가지 패턴으로 만들 경우가 있다. 이때도 한 장 한 장 이 독립적인 프레젠테이션용 파워포인트가 편집에 매우 편리하다.

또한 슬라이드 단위로 업무 내용을 적당히 가감하여 반으로 나눌 수 있다. 팀원 여럿이 협력하여 하나의 자료를 만들 때에도 슬라이드 한 장 단위로 업무를 분할하여 나중에 통합하여 정리하면 된다.

워드로 문서를 작성할 경우 과감한 편집을 하기가 쉽지 않다. 워드의 경우 분량이 많으면 나중에 손을 보기가 번거롭기 때문이다.

강제적으로 도표나 데이터가 들어간다

파워포인트의 또 다른 효과는 도표나 데이터를 얼마든지 사용할 수 있다는 점이다. 파워포인트에서는 문장만으로 내용을 전부 채울 수 없다. 도표 나 데이터, 그래프를 집어넣지 않으면 완벽하지 않고 틈이 많아 보인다. 때문에 도표나 데이터, 그래프를 사용하여 알기 쉬운 자료를 작성하는 습관을 들여야 한다.

중소기업이나 자치단체 등에서는 워드를 주로 사용하는 것 같지만 반드시 파워포인트를 사용할 것을 권장한다. 처음에는 "파워포인트로 만든 슬라이드가 보고서?"라고 의아해할지도 모르지만 현재 많은 기업에서 파워포인트로 만든 슬라이드가 보고서로 통용되고 있다. 나를 비롯한 컨설턴트들도 파워포인트로 만든 슬라이드를 보고서로 제출하고 있다.

조목별 쓰기보다
박스를 활용하라

아이디어를 다듬거나 생각을 정리할 때는 박스를 활용하면 편리하다. 이 박스를 이용하여 생각을 정리한다.

나의 경우는 프레젠테이션 소프트웨어를 이용하여 박스를 그린다. 파워포인트에 백지 페이지를 만들어 박스를 많이 만들어둔다. 그 안에 생각나는 대로 아이디어를 적어간다.

예를 들어 "부하직원들이 의욕이 없다"라는 문제를 정리할 때는 우선 박스를 만들고 그 안에 "목표가 보이지 않는다", "피드백이 부족하다" 등등 생각나는 대로 문제의 원인을 하나씩 적어본다.

많은 사람들이 워드나 편집기계를 이용하여 아이디어를 조목별로 적고 있을 것이다. 조목별 적기는 아이디어를 다듬을 때에는 적당하지 않다. 한 번 적고 나면 위치를 바꾸는 일이 번거롭고 아이디어가 고정되기 때문이다. 각각의 항목 간 관계를 표현하기 어려운 것도 문제다. "이런 원인이 이런 결

■ 박스를 사용하여 사고하자 ■

조목별 적기
● 한 번 적어버리면 고정된다 ● 각각의 항목 간의 관계를 표현할 수 없다

박스
● 자유롭게 이동할 수 있다 ● 관계를 시각화하기가 쉽다 ● 화살표로 연결할 수 있다 ● 다른 도형과 조합할 수 있다 ● 그대로 자료가 된다

과를 낳는다"는 것을 알게 되더라도 조목별 쓰기로는 잘 표현할 수 없다.

이때 박스를 활용해보자. 프레젠테이션 소프트웨어상의 박스라면 이동이 자유롭고 잘못된 점을 발견했을 때 바로 삭제할 수 있다. 나중에 생각난 아이디어를 추가하기도 쉽다.

생각의 이동이 쉬워진다

우선 떠오른 아이디어를 박스에 모두 적는다. 그다음에는 박스를 이동시키면서 비슷한 아이디어를 하나로 정리하여 구분 짓는다. 표현만 다를 뿐 내용이 같다면 과감히 정리한다.

160

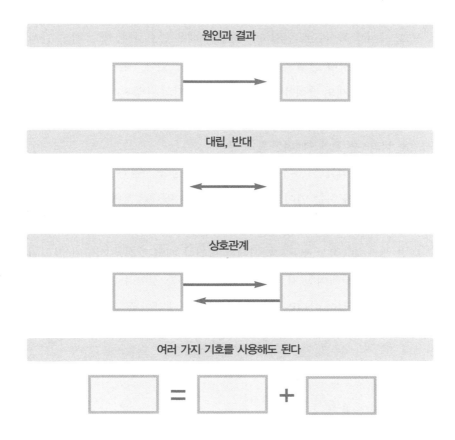

■ 박스의 관계를 도해해본다 ■

원인과 결과

대립, 반대

상호관계

여러 가지 기호를 사용해도 된다

다음은 박스끼리의 관계성을 생각해본다. 관계성에는 원인과 결과의 관계성, 대립의 관계성, 상호적인 관계성, 세 가지가 있다. 박스를 이동하면서 왼쪽에는 원인을 적은 박스를 나열하고, 오른쪽에는 결과나 현상을 적은 박스를 나열한다. 그 사이를 화살표로 연결해본다. 파워포인트의 커넥터를 사용하면 박스를 움직여도 화살표는 연결된 채로 있기 때문에 매우 편리하다.

박스 사이를 화살표로 연결하는 작업은 매우 중요하다. 박스 간의 관계가 명확해짐에 따라 전체 아이디어를 정리할 수 있다. 제목을 붙이고 요점을 강조하여 몇 개의 장식을 첨부하면 자료가 거의 완성된다.

사고를 정리하면 프레젠테이션 준비 끝
이런 일련의 작업들은 종이에 쓰거나 부전지 등을 사용해도 좋지만, 역시 쓰거나 지우거나 하는 일이 번거롭다. PC 사용 실력을 향상시키고 가능한 한 프레젠테이션 소프트웨어에서 완성하고 싶을 것이다.

또한 프레젠테이션 소프트웨어에서 실행할 때의 장점은 사고가 정리된 시점에서 프레젠테이션 자료도 거의 완성된다는 것이다. 종이에 적고 PC에서 정서하는 것이 아니라 PC에서 생각하고, 생각이 끝났을 때에는 자료가 완성되는 방식이 몸에 익으면 생산성이 크게 향상된다.

■ 논리적인 사고를 파워포인트 포맷으로 처리한다 ■

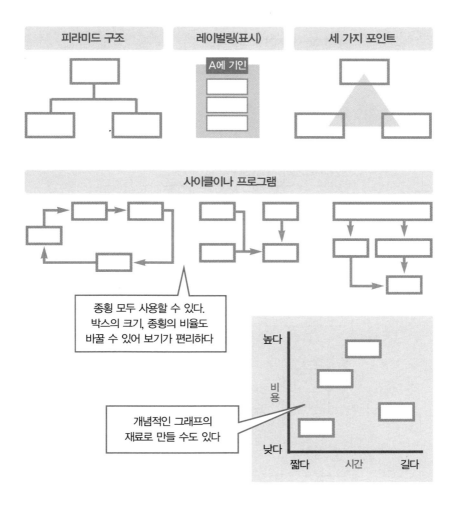

피라미드 구조

레이벌링(표시)

A에 기인

세 가지 포인트

사이클이나 프로그램

종횡 모두 사용할 수 있다.
박스의 크기, 종횡의 비율도
바꿀 수 있어 보기가 편리하다

개념적인 그래프의
재료로 만들 수도 있다

높다

비
용

낮다

짧다   시간   길다

■ 박스를 사용한 사고의 흐름 ■

❶ 생각을 여기저기 박스에 적는다

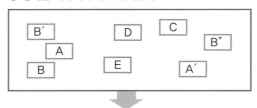

❷ 유사한 것끼리 분류한다

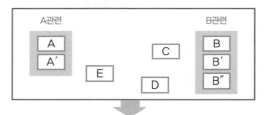

❸ 화살표로 연결하고 도해를 넣는다

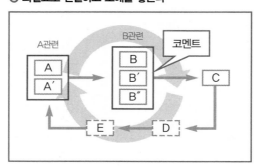

오리지널 매트릭스로
사물을 정리하라

매트릭스는 정보를 정리하는 데 강력한 무기가 된다. 매트릭스란 가로축과 세로축의 좌표축을 지닌 그래프 같은 것으로 그 위에 정보를 정리할 수 있다.

대표적인 매트릭스는 보스턴 컨설팅 그룹(BCG)이 고안한 시장점유율을 가로축으로, 시장성장률을 세로축으로 만든 PPM(프로덕트 포트폴리오 매니지먼트)이다.

가로축과 세로축이 핵심 포인트

PPM에서는 시장점유율과 성장률에 따라 사업을 네 가지 상한으로 나누어 분석한다. 네 가지 상한마다 특징이 다르기 때문에 유효한 방안으로 연결된다.

매트릭스는 시각적으로 알기 쉽게 정보를 정리하도록 도와주는 편리한

■ 컨설턴트가 선호하는 2×2 매트릭스 ■

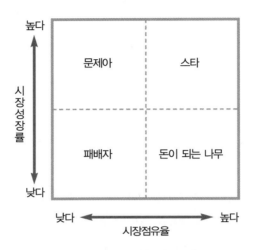

예 : PPM

높다

시장성장률

문제아　　　　스타

패배자　　　돈이 되는 나무

낮다

낮다 ◀━━━━▶ 높다
시장점유율

매트릭스 작성의 포인트

● 가로축과 세로축은 상관성이 없는 것을 사용한다
● 4등분하여 각각에 해당하는 정보를 구분 지을 수 있다

도구다. 가로축, 세로축만 결정되면 바로 오리지널 매트릭스를 만들 수 있다. 오리지널 매트릭스를 자유자재로 만들어 표현할 수 있게 되면 사물을 정리하여 전달하는 일이 순조로워진다.

　컨설턴트들이 선호하는 것은 2×2 매트릭스다. 2×2로 4개의 모눈에 정보를 분류한다. 모눈이 4개라면 각각의 모눈의 차이나 특징을 바로 알 수 있다. 매우 단순하고 이해하기 쉬운 구성이다.

만약 3×3의 구성이라면 9개가 되어 너무 복잡하게 느껴진다. 4×4의 구성은 16개나 되어 각 모눈의 차이점이 눈에 들어오지 않는다. 2×2로 정리하는 것이 가장 바람직하다.

매트릭스를 유의미하게 만드는 법

매트릭스를 만드는 법은 간단하지만 의미 있는 구성이 되기 위해서는 몇 가지 주의할 사항이 있다.

가로축과 세로축으로 상관성이 있는 것을 넣게 되면 의미가 적은 매트릭스가 된다.

예를 들어 개인을 분류하는 매트릭스에서 '연령×운동 능력' 으로 만들 경우가 그렇다.

이는 1차 함수의 그래프처럼 돼버린다. 즉 좌측 하단과 우측 상단에는 해당 내용들이 많이 존재하지만 좌측 상단과 우측 하단에는 해당하는 사례가 없다. 이래서는 매트릭스를 만드는 의미가 없다. 2×2가 아닌 단순히 2개로 분류하는 것만으로도 충분하다.

또한 세로축은 의미 있는 축으로 설정하지 않으면 매트릭스가 기능을 다하지 못한다.

마찬가지로 개인을 분류하는 데 '세대 구성×펫' 으로 만들어보면 어떨까(168쪽 표). 개인을 분류할 수는 있지만 각각의 모눈에 비즈니스적인 의미가 있는 것 같지는 않다. 단순히 분류만 했다는 느낌이 든다.

비즈니스적인 의미가 있는지 없는지를 확인하려면 각각의 모눈의 특징

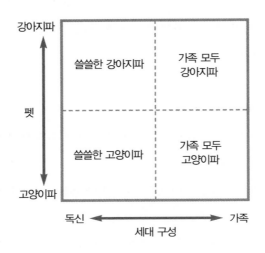

■ 매트릭스 작성의 실패 사례 ■

강아지파

| 쓸쓸한 강아지파 | 가족 모두 강아지파 |

펫

| 쓸쓸한 고양이파 | 가족 모두 고양이파 |

고양이파

독신 ←──────────→ 가족

세대 구성

의미 있는 축으로 구성되지 않았다

각각의 모눈에 그 특징에 맞는 이름을 붙일 수 없다면
그 매트릭스는 의미가 없다

을 한마디로 표현해보면 된다. 4개의 덩어리 각각에 이름을 붙일 수 있다
면 모눈은 의미 있는 것이 되고, 따라서 매트릭스도 의미를 가지게 된다.

안조프의 성장 매트릭스로
회사의 미래를 발견한다

이번에는 매트릭스를 이용한 비즈니스 분석의 사례를 들어보자.

회사의 성장 기회를 검토할 때 안조프의 성장 매트릭스를 사용하면 사고가 정리된다. 170쪽 표와 같이 검토할 사업 아이디어를 4개 분야로 정리하여 분석한다. 축이 되는 것은 대상이 될 시장(고객)과 자사의 제품이다. 각각 기존, 신규라고 한다.

4개의 칸 가운데 어디에 들어갈까

170쪽 표 ①의 기존 고객×기존 제품 부분에서는 결국은 현재의 비즈니스다. 목표 고객이나 상품의 축을 바꾸지 않고 현재의 비즈니스를 강화하여 시장점유율을 높이는 전략이다. 이를 위해 서비스를 개선하거나, 기능을 향상시키거나, 가격을 낮추거나, 마케팅을 연구하는 등 여러 가지 방안을 생각할 수 있다.

②는 기존 고객×신규 제품이다. 이미 자사 제품을 구입한 고객에게 다른 서비스나 상품을 판매한다는 것이 콘셉트다. '신규 제품 전략'이라고도 할 수 있다.

③은 신규 고객×기존 제품이다. 자사 제품을 새로운 시장에서 판매하는 것으로 '신시장 개척 전략'이라 부른다. 새로운 시장을 추구하며 해외로 눈을 돌리는 것이 전형적인 패턴이지만, 그 밖에도 업무용으로 판매하던 것을 일반인에게도 판매한다는 것이므로 신시장 개척이라 할 수 있다.

④는 신규 고객×신규 제품이다. '다각화 전략'이라 부르며, 미지의 영역을 개척하는 것이기 때문에 리스크가 높은 전략이다. 인수합병 등에 따라 여러모로 일이 많이 생긴다.

■ 안조프의 성장 매트릭스 ■

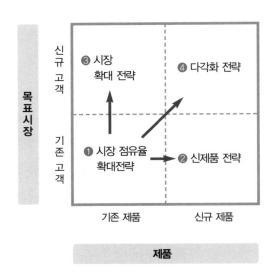

목표시장

신규 고객

❸ 시장 확대 전략

❹ 다각화 전략

기존 고객

❶ 시장 점유율 확대전략

❷ 신제품 전략

기존 제품   신규 제품

제품

후지필름은 어떻게 화장품을 만들게 됐을까

후지필름의 예를 들어보자.

후지필름은 사진 필름회사다. 요즘은 디지털카메라가 보급되어 필름 수요도 크게 줄었다. 이에 따라 후지필름은 새로운 사업 분야를 세워 성장의 기회를 만들어왔다.

기존의 카메라 필름 고객을 대상으로 디지털카메라를 제조하여 시장에 참여한 것이다. 기존 고객×신규 제품의 사고방식이다. 이는 자사의 카메라 필름에 대한 전망이 어두워지면서 양날의 검이 되었지만 결과적으로는 디지털카메라가 대세인 지금에 와서는 정답이었다고 할 수 있다.

필름 자체는 새로운 시장을 개척했다. 의료용이나 반도체용의 고정밀도

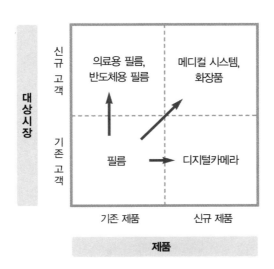

■ 후지필름의 사업 전개의 예 ■

필름을 생산한 것이다. 필름 수요가 있는 새로운 분야에 기존 상품을 사용하여 확대시킨 예다. 신규 고객×기존 제품의 사고방식이다.

마지막은 화장품이다. 후지필름은 남성이 주체가 되었던 기존의 카메라 고객이 아닌 여성을 타깃으로 하여 화장품이라는 새로운 분야의 상품으로 눈을 돌렸다. 신규 고객×신규 제품의 사고방식이다. 필름 개발을 통해 축적된 콜라겐에 관한 기술을 응용하여 새로운 분야에 진출한 사례다.

비즈니스 아이디어를 검토할 때는 이와 같은 매트릭스로 각각의 아이디어의 위치를 명확히 정하여 논의하면 이야기가 정리된다. 다른 기업의 비즈니스 사례도 같이 취급함으로써 단순한 성공 사례가 아니라 정리된 논의를 할 수 있게 된다.

논리적인 사고로 성과를 올리는 앙케트 만들기

세미나에 참가하면 앙케트 용지를 받는 일이 많은데, 이 설문 내용을 논리적으로 구성하면 나중에 의미 있는 분석을 할 수 있다. 앙케트를 만들 때 도움이 되는 포인트를 소개하겠다.

'사전'과 '사후'를 조사하라

앙케트에서는 '사전'과 '사후' 조사를 하면 의미 있는 정보를 얻을 수 있다. 예를 들어 내방객이 세미나에 참석하여 만족했는지 안 했는지를 검증해보자.

보통 나오는 질문은 "세미나에 대한 만족도는 어느 정도인가?"(5단계)라는 것이다. 하지만 이런 방식으로는 참가자들이 무엇에 만족했는지, 어디가 불만스러웠는지 나중에 검증할 수 없다.

논리적인 수단을 조합하여 만든 앙케트의 예를 들어보자.

여기서는 세미나 주최자가 제공하려고 한 주제를 나열한다. 이 같은 설문에 대한 답변을 통해 주최자가 설정한 주제에 대해 '사전'에 어떤 기대를 했는지를 파악할 수 있다.

그다음엔 각각의 사항이 '사후'에 해결되었는지를 질문함으로써 세미나의 효과를 파악할 수 있다. 여기서 '해결되었는가? YES / NO'라는 식으로 질문하면 어떤 문제가 해결되고, 무엇이 해결되지 않았는지 알 수 없다. Q1과 관련하여 각각의 문제가 해결됐는지 여부를 질문한다.

이렇게 하면 Q1 × Q2를 관련지어 분석할 수 있다. 1의 도입 사례는 많은 사람들(70퍼센트 정도)이 기대했음에도 별로 해결되지 않았다(해결 비율 20퍼센트)는 분석이 가능하다.

앙케트 결과를 '시각화' 하라

앙케트 결과를 2×2의 매트릭스에 맵핑함으로써 시각화가 가능하다.

가로축으로 사전 기대치 수준을 표시하고, 세로축으로 해결 정도를 표시하여 매트릭스로 만든 것이 176쪽의 그림이다. 2×2의 매트릭스이기 때문에 네 가지로 구분할 수 있다.

- '사전 기대 大 → 해결 정도 大' 는 기대했던 주제에 대해 충분한 지식을 얻음으로써 참가자의 니즈를 충족시키고 크게 호응을 얻은 주제다.

- '사전 기대 大 → 해결 정도 小' 는 기대했던 주제였는데, 설명이 불충분하여 참가자의 불만이 쌓였다고 생각되는 주제다.

- '사전 기대 小 → 해결 정도 大' 는 기대치는 별로 높지 않았지만 잘 해결되어 서브테마 정도로 파악하는 편이 좋은 화제라고 할 수 있다.

- '사전 기대 小 → 해결 정도 小' 는 주제도 흥미 없었고, 해결 정도도 적었다는 의미다.

오른쪽 위의 기대에 부응한 주제가 거의 없고, 오른쪽 아래만 눈에 띄고

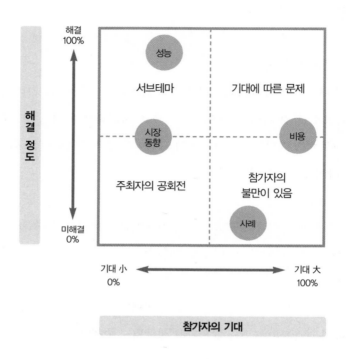

■ 앙케트 결과의 분석(사례) ■

해결 정도

참가자의 기대

있다. 또한 관심도가 적은 주제가 많고, 주제 설정에 문제가 있을지도 모른다. 이처럼 '사전→사후'의 시점을 지닌 '의문 사항끼리 관련지어 질문'함으로써 의미 있는 결론을 얻을 수 있다.

조직의 퍼포먼스도 향상시키는
SMART 목표 설정법

장시간의 회의 결과 "다음 회의까지 이렇게 하자"라는 결론을 얻었음에도 실제로는 대부분의 계획이 실행되지 않는다. 여러분은 이런 경험을 한 적이 없는가?

이런 경우 목표 설정 자체에 문제가 있었을 가능성이 높다. 목표 설정이 애매하면 행동으로 연결될 수 없다.

목표 설정도 논리적으로 이루어져야 한다. 여기서는 논리적으로 목표를 설정하는 SMART 사고법을 소개하겠다.

SMART로 애매모호함을 없애라

SMART란 목표 설정을 할 때 주의해야 할 다섯 가지 포인트의 머리글자를 딴 것이다. 흔히 쓰이는 단어라 기억하기도 쉬울 것이다.

S는 Specific, '구체적으로' 라는 뜻이다. 목표는 슬로건이나 비전과는 다르

다. 실현 가능한 미래의 모습을 상상할 수 있을 정도로 구체적이어야 한다.

"무엇을 할 것인가? 누가 할 것인가? 언제 할 것인가? 왜 해야 하는가?"
를 생각하는 것이 좋다.

M은 Measurable, '측정 가능한' 이란 뜻이다. 목표 달성을 측정할 수 없
다면 목표라고 말할 수 없다. 숫자로 명확하게 설정해야 한다.

예를 들어 "이 안건에 대해 타 부문과도 커뮤니케이션을 도모한다"는
것은 측정 불가능한 목표다. SMART 기법에서는 "영업부, 인사부에 대해
서도 안건 설명회를 각 2회 실행한다"라고 한다. 측정 가능한 목표라면 제
3자가 성과를 평가할 수 있고, 목표 달성이 명확해진다.

달성 가능한 목표를 설정하라

A는 Achievable, 즉 '달성 가능한' 이란 뜻이다. 거창한 목표보다는 실제로
달성할 수 있는 목표를 제시할 때 행동으로 연결된다는 의미다.

달성할 수 있을 것 같은 목표라면 누구나 해보자는 의욕이 생긴다. 한편
앞길이 멀고 애매모호한 목표에 대해서는 어차피 불가능할 것 같아 동기
부여가 되지 않는다.

R은 Result-oriented로, 성과에 근거한다는 뜻이다. 목표 설정은 성과에
대한 것이어야 한다는 말이다. 목표 달성을 위한 과정이나 프로세스에 대
한 것이 아니라 달성하고자 하는 성과에 대해 목표를 설정하도록 한다.

T는 Time-bound, 즉 '기한 설정' 을 말한다. 목표에는 반드시 기한이 있
어야 한다. '빠른 시간 안에' 또는 '중장기적으로' 라는 애매한 표현 대신
구체적으로 기한을 정하는 것이 포인트다.

■ SMART 체크리스트 ■

목표
○○을 ○○까지 ○○회 실행함으로써 ○○을 실현한다

□ Specific: 주제, 표현은 구체적인가?
□ Measurable: 제3자가 숫자로 측정할 수 있는가?
□ Achievable: 현실적으로 달성 가능한가?
□ Result-oriented: '성과'에 근거한 것인가?
□ Time-bound: 기한이 정해져 있는가?

SMART한 목표 설정의 예

"프로젝트 관련 지식을 공부한다."
➡ 이달 안에 관리회계 관련 기초 서적을 두 권 읽는다

"가까운 시일 안에 관계 부서와 커뮤니케이션을 시도한다."
➡ 이달 말까지 영업부장, 인사부장과 미팅을 가지고, 각 부서의 책임자급에 대한 프로젝트의 개요 설명회 실시를 약속받는다

"고객의 입장에서 생각하는 습관을 가진다."
➡ 상담 전에 고객의 입장, 구매하는 이유, 구매하지 않는 이유 등 세 가지에 대해 가설을 세워 상담에서 확인한다. 그다음은 상담 메모를 문자화한다. 이번 달 10건을 목표로 한다.

목표를 세울 때는 SMART의 5개 항목에 대해 체크리스트 같은 것을 만들어 스스로 체크하도록 한다. 부하직원에게 지시를 내릴 때에도 SMART를 의식하면 애매모호함을 없애고, 부하직원도 목표 달성을 위해 더 빠르게 움직일 것이다.

'초병렬 회의'로 효율을
수백 퍼센트 높인다

논리적인 사고로 업무 효율을 높이는 회의 운영법이다.

회의가 끝난 시점에서 모든 것이 결정되고, 의사록까지 완성되었다면 효율적인 회의라고 말할 수 있다. 실제로 컨설턴트들은 이 같은 회의 운영을 하고 있다.

회의 초반에 어디까지 결정할지를 정하라

우선은 논리적인 사고를 이용하여 회의에서 결정해야 할 일, 검토해야 할 일을 사전에 확실히 정해두어야 한다.

설령 브레인스토밍과 같은 아이디어를 발산하는 회의일지라도 '오늘은 아이디어를 발산해서 신규 사업 관련 아이디어를 30개 내고, 제시된 아이디어의 경향을 분류한다' 라는 명확한 목표를 설정한다. 이 결승점을 회의 초반에 확인하고 참가자는 목표 달성을 다짐하면서 회의에 임한다. 여기까지는 논리적 사고의 이야기다.

중요한 것은 회의의 운영 방식이다. 회의 중간에 영사기를 통해 보여주고 여기서 나온 아이디어를 점차 자료로 사용한다. 회의 참가자가 리얼타임으로 슬라이드 자료를 확인할 수 있게 한다.

수정 사항이 있으면 그 자리에서 바로 수정한다. 논의와 자료 작성과 자료의 확인, 승인을 동시 진행으로 나열해가기 때문에 '초병렬 회의'라고 부른다.

신규 사업에 관한 30개 사안을 생각하는 아이디어 회의 장소라면 프레젠테이션 소프트웨어를 사용하여 30개의 아이디어를 각각 한 장으로 정리한 슬라이드를 만든다. 나중에 자료화하여 보고하는 것이 아니라 그 자리에서 자료로 사용한다.

물론 그 자리에서 자료를 만든다고 해서 정말 아무것도 없는 상태에서 시작하면 시간이 부족하기 때문에 어느 정도의 포맷을 만들어둘 필요가 있다.

신규 사업에 관한 타이틀, 타깃 고객, 비즈니스 모델, 자사의 강점 등의 포인트가 될 부분을 사전에 틀을 잡아 준비해두고 그것을 메워가는 형식으로 회의에서 나온 의견을 정리해간다.

회의 자료가 곧바로 프레젠테이션 원고가 된다

초병렬 회의에는 프레젠테이션 소프트웨어를 능숙하게 다룰 수 있는 사람이 필요한데, 회의를 진행하면서 동시에 자료를 완성할 수 있는 효율성은 헤아릴 수 없을 정도로 높다.

30장의 슬라이드를 만들었다면 한 장씩 살펴보며 본건과 관련된 아이디

자료(의제)가 자연스럽게 작성될 수 있도록 사전에 검토 과제를 압축하여 회의의 결승점을 명확하게 한다

자료(의제)가 자연스럽게 작성될 수 있도록 논의에 따른 포맷을 준비해둔다

프로젝트에서 상시 자료를 보여주고 회의 참가자 전원이 확인할 수 있게 한다

이견이 있으면 바로 논의하고 자료에 반영한다

자료(의제)로서의 승인은 영사기로 확인하면서 회의 도중에 끝마친다

완성된 자료를 회의의 결론 겸 의사록으로 결정한다

어인지 확인한다. 그다음에는 아이디어 분류에 관한 회의에 들어간다. 여기에서 나온 결론도 하나씩 자료로 만든다. 이 역시도 사전에 분류하기 위한 축이나 2×2 매트릭스 등을 준비해둔다.

회의의 결론이 나왔다면 다시 한 번 자료들을 확인하여 추가 의견을 받

는다.

이 자료가 그대로 결론이 되며 의사록이 된다. 프레젠테이션 자료가 의사록이 된다는 말이 처음에는 이상하게 들릴지도 모른다. 그러나 비즈니스 의사록은 법정 기록과는 달리 누가 어떤 발언을 했는지는 기록하더라도 의미가 없다. 비즈니스에서는 회의의 결론이 중요하다.

이 자료를 회의의 결론 겸 의사록으로 참석자들에게 배포한다.

이 책도 초병렬로 완성되었다

간단한 초병렬 회의의 예로, 실제로 이 책을 기획할 때 진행된 회의를 소개하겠다.

나를 비롯하여 몇 명의 컨설턴트가 모여 새로운 책의 기획을 다듬고 반죽하는 것이 회의의 목적이다.

일반적인 회의와는 달리 사전에 준비해야 할 사항이 있는데, 바로 기획안의 견본(템플릿)이다.

책의 기획에서는 제목, 예상 독자, 취지, 장정, 가격, 장 구성 등의 요소를 A4 용지 2장 정도로 간결하게 정리했다.

여기서 첫 번째 포인트가 있다.

템플릿은 실제 기획안을 바탕으로 한 현실감 있는 것이어야 한다.

체제도 ○○출판사로 시작하여 제목의 크기나 들여쓰기까지 완성하여 그대로 출판사에 제출해도 문제가 없도록 준비한다.

이 부분은 중요하다. 그렇지 않으면 재차 승인 작업이 필요하고, 전 단계로 돌아가야 한다.

점차 아이디어가 나오기 시작하고, 그중 두세 개로 압축되면 각각 실제의 기획안으로 정리해둔다.

준비한 템플릿을 사용하여 '제목', '예상 독자' 등의 항목을 채워나간다.

그때 영사기로 촬영하여 모두가 확인하면서 템플릿을 채워나간다. 세세한 표현 등도 그 자리에서 확인하며 진행한다.

템플릿이 실제 기획안과 같은 양식을 사용하기 때문에 애매한 표현이나 중도에 포기할 만한 여지가 있는 아이디어를 기입하면 기획 단계에서 그 부분만 공중에 뜨게 된다.

'나중에 잘 정리하자'는 회피성 사고방식은 통용되지 않는다.

기획안으로 통용될 만한 수준까지 논의한다. 그것이 완벽한 템플릿을 준비하는 이유다.

준비한 템플릿의 모든 항목이 채워지면 동시에 기획안이 완성된다. 모두 함께 확인하면서 채워나갔기 때문에 사후 승인 절차가 필요하지 않다.

또한 실제 기획안을 템플릿으로 삼은 것이어서 곧바로 출판사에 보낼 수 있다.

이 회의에서는 그 자리에서 메일을 작성하여 출판사로 전송했다.

그리고 그것이 바로 이 책으로 완성되었다.

의사록, 성과물, 승인을 동시에

이 방법을 조금 간략하게 하여 일반적으로 사용되고 있는 '의사록' 을 리얼타임으로 취하는 방법도 있다. 영사기에서 워드 화면으로 옮겨가며 서기가 의견을 계속 써나가는 것이다. 의견을 구분 지었다면 영사기에 제시된 의사를 모두 함께 리뷰한다.

발언이 다를 경우에는 그 자리에서 수정한다. 의미 없는 발언이 계속되는 부분은 삭제한다. 모두 함께 의사록에 의견을 내는 동안 회의의 결론을 짓는다.

이렇게 완성된 의사록을 회의의 성과물로 남긴다. 회의가 끝난 시점에서 성과물이 완성되고, 의사록이 생겼고, 게다가 참석자 전원으로부터 승인을 받은 것이다.

이런 방법으로 회의를 진행한다면 회의의 효과는 몇 백 퍼센트나 극적으로 향상된다. 영사기나 서기 등이 필요하고 방법도 처음에는 위화감이 들지 모르지만 기대 이상의 효과를 볼 수 있을 것이다.

글로벌 기업은 왜
'지두력'을 중시할까

마이크로소프트나 외국계 컨설팅 회사에서는 사원을 채용하는 면접시험
에서 특별한 문제를 낸다고 한다. 예를 들면 다음과 같은 문제다.

　"후지산을 움직이려면 어떻게 하면 좋을까?"
　"시카고에 피아노 조율사는 몇 명이나 있을까?"
　"일본에 주유소는 몇 개나 있을까?"

　갑작스러운 질문에 많은 입사 지원자들이 당황할 것이다. 하지만 뭔가
답변을 하지 않으면 안 된다.
　물론 면접 장소이기 때문에 인터넷을 검색해볼 수도 없다.
　"그런 것을 어떻게 알겠느냐"고 대답한다면 절대 채용되지 못할 것이다.

'답이 없는 문제'를 해결할 수 있는가

이 면접시험에서 입사 지원자에게 요구하는 것은 무엇일까?

확실한 것은 지원자의 지식을 알고자 하는 것이 아니라는 점이다. 사실을 말하자면 문제를 낸 면접관조차 답을 모른다. 시카고에 피아노 조율사가 몇 명이나 있는지를 조사한 통계자료는 없을 것이다.

때문에 "시카고의 피아노 조율사 협회에 문의해보겠다"라든지 "컴퓨터를 이 잡듯이 샅샅이 뒤져 조사해보겠다"고 답했다가는 낭패를 볼 것이다. 조사 방법을 묻는 것이 아니라 지금 당장 조율사의 수를 답해달라는 질문이기 때문이다.

요컨대 이 문제에는 답이 없다. 조율사의 수를 듣고 싶은 것이 아니다.

해답보다 중요한 것은 문제에 접근하는 방식

그러면 이처럼 답이 없는 문제를 내는 이유가 무엇일까?

면접관은 지원자의 문제 접근 방식을 시험하고 있다. 어떻게 생각하고 어떤 추론을 거쳐 미지의 숫자에 도달할 것인가 하는 논리적인 접근 과정을 평가하려는 것이다.

결국 피아노 조율사가 100명이든 200명이든 그것이 실제와 어느 정도 차이가 있는지는 평가 기준이 되지 않는다. 오히려 평가 기준은 다음과 같다.

왜 100명이라는 숫자가 나온 것인가?

어떤 논거에 따라 100명이라고 추론한 것인가?

각각의 추론 과정은 논리적으로 판단하여 올바른 것인가, 아닌가?

■ 지두력의 포인트 ■

지두력을 묻는 면접 문제의 예

시카고에 피아노 조율사는 몇 명일까?	후지산을 어떻게 움직일까?
맨홀 뚜껑은 왜 둥글까?	마이너스 이진법으로 수를 세어보라
일본에 주유소는 몇 개나 있을까?	비파호의 물은 몇 리터일까?

미국의 50개 주 중 하나를 뺀다면 어느 주를 빼겠는가?

지두력을 묻는 문제의 특징

- 지식의 유무를 묻는 것이 아니다
➡ "인터넷으로 알아보겠다", "통계를 내보겠다"는 대답은 안 된다

- 숫자 등 정확성을 묻는 질문이 아니다
➡ 답에 이르기까지의 사고의 논리성이나 통찰력을 평가하기 위한 것이다

위의 관점에서 후보자의 논리적인 사고력, 두뇌의 유연성, 통찰력 등을 종합하여 판단한다.

이런 능력을 '지두력(地頭力)' 이라 부른다.

지두는 '지' 의 머리라는 뜻으로 지식이나 노하우를 전제로 하지 않은, 순수하게 두뇌가 좋다는 것을 이미지화한 말이다.

지두력의 기본은 논리적인 사고력

지두력이란 다소 애매한 단어지만 나름대로 정의를 내려보겠다.

지두력은 '기존의 지식이나 방법론이 통용되지 않는 새로운 문제에 대해서도 상식과 논리를 바탕으로 나름대로의 단면이나 문제 파악법으로 사물의 본질이나 문제의 근본에 접근하는 능력'을 말한다.

지두력의 바탕은 무엇보다도 논리적인 사고력이다. 아무리 재미있는 관점이나 통찰이라고 해도 논리적으로 설명할 수 없거나, 논리적으로 모순점이 있다면 의미를 만들어낼 수 없다.

지두력을 훈련하려면 항상 여러 가지 문제를 자신의 관점에서 바라보고 논리적인 사고를 이용하여 다시 생각하는 것이 중요하다. 제로베이스 사고로 생각하는 것이 지두력의 출발점이라 할 수 있다.

"맨홀 뚜껑이 둥근 이유는 무엇인가?"

마이크로소프트 사의 입사 시험에 나왔던 문제다.

확실히 둥근 쪽이 사각형보다는 편리한 느낌이 든다.

그렇다면 왜 그럴까? 왜 둥근 쪽이 좋은지를 논리적으로 설명할 수 있을까?

페르미 추정으로
미지의 숫자를 찾아내라

답을 알 수 없는 미지의 숫자에 대해 논리적인 사고를 이용하여 값을 추측하는 것을 페르미 추정이라 한다.

앞에서 지두력을 묻는 질문 중에 "시카고에 피아노 조율사는 몇 명이나 될까?" 하는 미지의 숫자를 추측하게 하는 문제가 있었다. 이것이 가장 유명한 페르미 추정에 관한 문제다.

페르미 추정은 이탈리아의 물리학자인 엔리코 페르미(1901~1954)가 시카고 대학에서 학생들에게 이 같은 과제를 낸 것에서 유래한 용어다.

페르미 추정 문제에 어떻게 접근해야 하는지 실례를 들어보겠다. 여기서는 시카고의 피아노 조율사에 대해 생각해보기로 한다.

시카고에는 피아노 조율사가 몇 명이나 있을까

아무리 똑똑한 사람이라 할지라도 갑작스럽게 피아노 조율사의 수를 세어

190

보는 것은 무리다. 페르미 추정을 할 때 열쇠가 되는 것은 최종적으로 구하고자 하는 숫자를 파라미터(매개변수)로 분해하여 집어넣는 것이다.

우선은 수요 측면에서 접근한다.

피아노 조율사는 피아노가 있어야 존재할 수 있다. 따라서 시카고에 있는 피아노 수가 열쇠가 될 수 있다.

그렇다고 해도 피아노의 수가 얼마나 되는지 알아내는 것은 상당히 어려운 일이다. 한 가지 생각할 수 있는 것은 피아노는 대부분 가정집에 있다는 사실이다. 그러면 가정집의 수가 피아노 수를 결정하는 요인이 될 수 있다는 고찰이 가능하다.

그러면 가정집의 수는 어떻게 알 수 있을까?

인구와 세대당의 인원수로 추정할 수 있을 것 같다.

이런 식으로 문제를 분해하면서 몇 개의 파라미터로 브레이크다운한다. 시카고에 있는 피아노 조율사의 숫자는 상상하기 어렵지만 인구나 세대의 숫자라면 상상할 수 있는 범위에 있다. 거기서부터 조사해나가기 시작하면 최종적으로 조율사의 수를 추정할 수 있다.

조금 더 추론을 진행해보자.

우선 시카고의 인구를 추정해본다. 시카고는 미국에서 10위 안에 드는 도시라고 생각해도 된다(실제로는 미국에서 세 번째로 큰 도시다).

가령 인구를 300만 명이라 해두자.

한 세대당 인구 수가 3명(독신 세대 포함)이라고 할 경우 100만 세대로 계산할 수 있다. 100만 가정집에서 모두 피아노를 두고 있지는 않을 것이다. 피아노가 있는 집은 아무래도 경제적 여유가 있는 집일 것이다. 가령 50퍼센트가 피아노 보유 세대라고 가정한다면 시카고에는 50만 세대가 피아노를 소유하고 있는 셈이다.

이와 같이 문제의 기초가 될 가정집의 수를 추정할 수 있었다. 실제 피아노 수는 가정집의 수에 피아노 보유율을 곱한 것이다. 피아노는 어느 가정집에나 있는 것이 아니지만 아주 드문 일도 아니다. 가령 피아노 보유율을 10퍼센트라고 한다면 피아노 수는 5만 대가 된다.

5만 대의 피아노에 연간 조율 횟수를 곱한 것이 조율의 수요가 된다. 조율 빈도를 추정하는 일은 어렵지만 1년에 몇 번씩 조율을 하지는 않을 것이고, 몇 년에 한 번 조율하는 일도 없을 것 같다.

1년에 한 번 정도 조율한다는 가정도 그리 나쁘지는 않다. 5만 대의 피아노가 연간 1회 조율하게 되면 연간 5만 건의 조율 수요가 있다는 얘기가 된다.

여기까지 왔다면 조율사 수까지는 이제 한 걸음이다. 5만 건/연간 조율을 하려면 몇 명의 조율사가 필요할까?

이번에는 조율사 측에서 생각해본다.

조율사는 연간 200일 정도 일한다고 한다. 피아노 조율은 하루에 몇 건이나 할 수 있을까. 조율을 하는 데는 1시간 정도면 되겠지만 하루에 8건 조율을 할 수는 없을 것이다. 이동 시간이나 그 밖의 시간까지 고려하면 오전에 1건, 오후에 2건으로 1일 3건 정도가 타당할지도 모른다.

그러면 한 명의 조율사는 연간 600회의 조율을 할 수 있다. 조율 1건당 수입이 15,000엔이라면 1년 수입은 900만 엔이다. 이런 측면에서 생각해도 타당해 보인다.

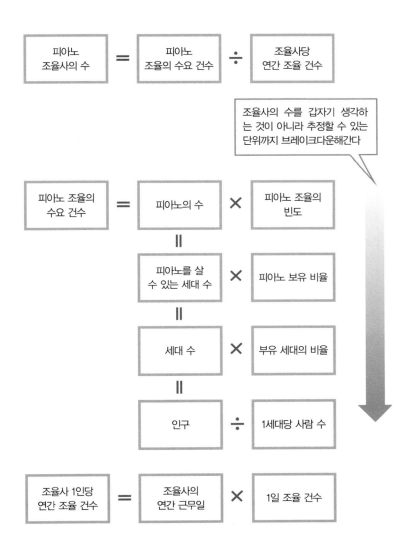

시카고 인구 300만 명 ÷ 평균 세대 수 3명 = 100만 세대

피아노 보유가 가능한 세대 = 100세대 × 50퍼센트 = 50만 세대

피아노를 보유한 비율 = 50만 × 10퍼센트 = 5만 대

피아노 조율 건수 / 연간 = 5만 대 ×연간당 조율 횟수(1회) = 5만 대

조율사의 연간 근무 일수 200일 × 1일 조율 가능 수(3대)

= 600대 / 연간(조율사 1인당 연간 조율 피아노 수)

연간 5만 회(조율 수요) ÷ 연간 600대(조율사) = 80명

시카고의 조율 수요 5만 건을 채우려면 5만 ÷ 600 = 83.3333으로 약 80
명의 조율사가 필요하다는 추정이 나온다.

"시카고에는 약 80명의 피아노 조율사가 있다고 추정된다"는 것이 답변

의 예다.

올바른 가정이 문제 해결을 쉽게 만든다

페르미 추정은 이렇게 문제를 몇 개의 파라미터로 나누어 타당한 가정을 세우면서 미지의 숫자를 추정하는 것이다.

덧붙여 말하자면 정말 답을 알고 싶은 사람도 있을 것이다.

정답은 없지만 정답에 가까운 통계자료를 찾아볼 수는 있다. 미국 노동 통계국에 따르면, 1998년 '악기수리업자 및 조율사'는 약 13,000명인 것으로 나타났다. 미국의 인구는 약 3억 명이므로 시카고의 인구로 나눠 계산하면 시카고의 피아노 조율사는 130명이 된다.

이 숫자는 조율사뿐만 아니라 수리업자도 포함한 것이기 때문에 순수하게 조율사만을 생각하면 이번 추정에서 나온 80명이라는 숫자는 완전히 동떨어진 답은 아니다.

페르미 추정을 잘하는
네 가지 요령

페르미 추정에는 몇 가지 요령이 있다.

우선은 구하고자 하는 숫자를 갑자기 제시하지 않는 것이다. 그 숫자를 구하려면 어떤 논리적인 구조가 필요한지부터 생각해야 한다.

구체적으로는 요구하는 숫자를 몇 개의 적절한 파라미터로 분해할 필요가 있다. 분해했는데도 여전히 애매모호함이 남아 있다면 더 분해하고 최종적으로 파라미터 각각의 숫자를 추정할 수 있도록 전체를 설계한다. 이때 분해는 논리적으로 타당해야 하고, MECE(누락이 없고, 중복도 없는)를 충족해야 한다.

각각에 타당한 숫자를 가정하여 계산하며, 최종적인 답변을 내놓지만 그때 적당한 검증을 할 필요가 있다. 검증한 결과 미심쩍은 점이 발견되면 수정하여 모델을 조정해나간다.

계산의 검증은 '상식'을 사용한다. 시카고 조율사의 예에서 답이 300명이라는 결과가 나왔다면 어떨까. 이 숫자는 시카고 인구를 가정하면 1,000명당 1명꼴인 셈이다.

이것은 경찰 숫자와 맞먹는다. 조율사는 아무래도 경찰만큼 많지 않을 것이다. 이것은 구체적인 통계 지식 없어도 약간의 눈치로 상식적인 추론을 하면 알 수 있는 내용이다.

스스로 문제를 만들어라

페르미 추정은 '답이 없는 문제' 다. 페르미 추정을 하는 데 특별한 방법이 필요한 것도 아니다.

페르미 추정의 기초는 논리적으로 사물을 파악하는 능력이다. 일상생활에서 일어나는 여러 가지 문제에 대해 논리적으로 질문하는 일을 반복하다 보면 요령을 터득하게 된다.

페르미 추정 문제는 즐거운 일로 간단하게 작성할 수 있다. 사고를 훈련하려면 문제를 많이 풀어보는 것이 가장 좋다. 전철 안 광고를 보면서 그 상품의 시장 규모(매출)를 추정해보는 훈련을 권장한다.

"영어회화 학원의 시장 규모는 얼마나 될까?"
"위장약의 시장 규모는?"
"교토를 찾는 관광객은 몇 명일까?"

두뇌 체조라고 생각하고 시도해보길 바란다. 통근 전차에서 멍하게 있지 말고 논리적인 사고력을 훈련해보자.

성급하게 답을 내리지 않는다

요구하는 숫자를 몇 개의 파라미터로 분해한다(MECE로)

파라미터가 애매하여 추정할 수 없다면 더 분해한다

상식선에서 체크한다. 상식이 가장 좋은 무기

영어회화 학원, 위장약, 교토의 관광객, 무엇이든 인터넷에서 조사해보면 통계 숫자가 나올 법한 문제다. 실제 답과 비교해보면서 자신의 추론 과정에서 어디가 잘못되었는지 피드백을 얻을 수 있다.

검색엔진에 너무 의존하지 마라

페르미 추정 이야기를 하면 "구글에서 검색하면 바로 알 수 있는데, 왜 그런 까다로운 추정을 해야 하는가?" 라는 반론이 제기될 수도 있다. 물론 비즈니스에서도 구글을 검색하면 신속하게 알 수 있는 것들이 많다.

그러나 이 세상에는 구글에는 나오지 않는 숫자도 있다.

예를 들면 신규 사업 플랜을 세울 때 페르미 추정은 필수다. 전혀 새로운 제품이나 서비스에 관한 아이디어가 있는데, 어떤 사람들이 구매를 할지 알 수 없다.

그러나 적당한 매출 견적을 세울 필요가 있다.

시장 예측, 매출 예측이 필요해진다. 구글에서 검색해도 이런 것은 나오지 않는다. 어느 정도 가정을 세우고 페르미 추정을 통해 생각할 필요가 있다.

추정 결과 아이디어는 뛰어나지만 그 제품을 살 만한 구매층이 고작 5,000명 정도라는 결론이 나올 수도 있다. 시장의 장래성을 정확하게 예측하는 회사가 그 시장에 과감하게 뛰어들 수 있고 새로운 시장에서 큰 수익을 거둘 수 있다.

자기 나름대로의 가정을 기초로 페르미 추정을 하여 미래를 예측할 수 있다면 다른 사람보다 한 걸음 앞으로 전진하게 된다.

4부의 핵심 포인트

- 로지컬 싱킹과 궁합이 잘 맞는 파워포인트를 적극적으로 사용한다.
- 아이디어를 박스나 포맷에 집어넣으면 생산성이 높은 사고를 할 수 있다.
- 2×2 매트릭스를 사용하면 정보를 시각적으로 알기 쉽게 정리할 수 있다.
- 목표를 설정할 때에는 SMART를 의식하면 명확해진다.
- 회의는 논의와 자료 작성, 확인, 승인을 동시에 진행할 수 있는 '초 병렬 회의'를 지향한다.
- 답보다 사고의 프로세스를 중시하는 페르미 추정으로 '지두력'을 훈련한다.